KB154336

마음먹은 대로 된다

마음먹은 대로 된다

2012년 6월 05일 1판 1쇄 인쇄
2016년 1월 10일 1판 5쇄 발행
2017년 11월 05일 개정 2판 5쇄 발행

2020년 05월 15일 개정 3판 2쇄 펴냄
2022년 10월 10일 개정 4판 1쇄 펴냄

지은이 | 찰스 해낼
옮긴이 | 박별
발행인 | 김정재

펴낸곳 | 뜻이있는사람들
등록 | 제2016-000020호(2004년 3월 30일)
주소 | 경기도 고양시 지도로 92. 55 다동 201호
전화 | (031) 914-6147
팩스 | (031) 914-6148
이메일 | naraeyearim@naver.com

ISBN 978-89-90629-52-4 03320

마음먹은 대로 된다

THE MASTER KEY SYSTEM

찰스 해낼 지음 | 박별 옮김

뜻이있는사람들

마음이 하지 못하는 것은 없다.

마음먹기에 따라서 정상에 오를 수 있다!!

Find first, seek later.
먼저 찾고 나서 추구하라.
-Jean Cocteau-

✳ 우리 마음의 에너지는 의지의 직접적인 작용

어떤 사람들은 아주 적은 노력만으로도 권력, 부, 업적을 달성하는 것처럼 보인다. 반면에 죽을 고생을 해서 자신이 바라던 것을 손에 쥐는 사람도 있다. 그중에는 야심과 소망과 이상을 전혀 이루지 못하는 사람도 있다. 대체 왜일까? 어째서 어떤 사람들은 바라는 것을 쉽게 실현하는데, 고생 끝에 얻어내는 사람이 있는가 하면 전혀 실현하지 못하는 사람이 생기는 걸까? 원인은 육체적인 것이 아니다. 그렇지 않다면 육체적으로 완벽한 사람이 가장 성공한 사람이 될 것이다. 따라서 이들의 차이는 정신적인 것, 마음속에 있는 것이 분명하다. 왜냐하면 마음에는 창조적인 힘이 잠재돼 있기 때문이다. 인생의 앞길에 놓여 있는 역경과 장애를 뛰어넘기 위해서는 마음이 중요하다.

사고의 창조적인 힘을 충분히 이해한다면 그 효과가 놀랄 만한 것이라는 것을 깨닫게 될 것이다. 그러나 그런 결과를 얻기 위해서는 근면함과 집중력이 필요하며 반드시 사고를 적절히 활용해야 한다. 이 시스템을 배우는 사람은 스피리추얼(Spiritual:정신적, 영적)한 세계를 관장하고 있는 법칙이 물질세계와 마찬가지로 절대적이고 확실한 것이라는 것을 깨달을 필요가 있다. 그러므로 바라는 결과를 얻고자 한다면 이 법칙을 이해해야 한다. 당신이 올바른 법칙을 따른다면 반드시 바람직한 결과를 얻을 수 있다. 이 시스템을 통해 외부로부터 힘이 생기는 것이 아니라 내부로부터 생겨난다는 것을 깨닫게 될 것이며, 자신의 머리로 생각할 수 있게 된 사람은 곧바로 자기 본연의 모습을 되찾고 기적을 이룰 수 있게 된다.

당연한 이야기지만 마음은 바람직한 상황과 마찬가지로 쉽게 부정적인 상황도 만들어 낸다. 우리가 무의식적으로 뭔가 부족하다거나 한계를 느끼며 부정적 이미지를 지속해서 마음속에 품고 있으면 그런 상황을 만들어 내고야 만다. 이것은 대부분의 사람이 무의식적으로 끊임없이 품고 있는 의식이다.

모든 법칙이 다 그렇듯 이 법칙도 한쪽으로 치우치는 일은 없다. 쉬지 않고 일하면 본인이 마음속으로 그렸던 것을 확실하게 얻을 수 있다. 바꿔 말하자면 '뿌린 씨앗만을 거두어들인다.'는 뜻이다.

그러므로 풍요를 누리기 위해서는 풍요의 법칙을 얼마나 확실하게 인식하고 있는가가 중요하다. 그것은 마음이 단순한 창조자가 아니라 만물의 유일한 창조자라는 것을 인식하는 것이기도 하다. 물론 뭔가를 창조하려고 하더라도 그 가능성을 믿고 그에 상응하는 노력을 하기 전에는 아무것도 만들어 내지 못한다. 예를 들어 전기에 대해 한 번 생각해 보자. 전기라는 현상은 꽤 오래전부터 관찰됐지만, 누군가가 전기를 공급하는 법칙을 이해하기 전까지는 전기의 혜택을 누리지 못했다. 법칙이 인정되고서야 비로소 거의 전 세계가 전기로 불을 밝힐 수 있게 된 것이다. 풍요의 법칙도 마찬가지다. 그 은혜를 누릴 수 있는 사람은 이 법칙을 인정하고 조화를 이루며 살아가는 사람들에 국한돼 있다.

현대 사회는 과학적 정신이 모든 활동분야를 지배하고 있어 원인과 결과의 관계를 무시할 수 없게 되어 있다.

법칙의 발견은 인간이 진보하는 데 있어 획기적인 사건이었다. 그것은 인생의 불확실성과 변덕스러운 요소를 배제해 내고 법과 이성과 확실성으로 바꾸어 놓은 것이다.

인간은 이제 모든 결과에는 그에 상응하는 명확한 원인이 있다는 것을 알고 있다. 따라서 특정한 결과를 바라고 있다면 어떡하면 그 결과를 얻을 수 있을지 찾아낼 필요가 있다.

모든 법칙의 근거 기반은 수없이 많은 각각의 사례를 비교하여 그것들을 창출해 낸 공통적 요소를 찾아내는 귀납적 추리 때문에 발견된다.

　문명국가의 번영은 거의 다 이 방법에 의해 이루어진다. 인간이 가치 있는 모든 지식을 쌓아 온 것도 바로 이 방법 덕분이다. 그것은 생명을 지속시키고, 통증을 완화해 주며, 강에 다리를 놓고, 낮처럼 밤을 밝혀 시야를 넓혀 주고, 빠르게 움직일 수 있게 거리를 단축하게 해 교류를 촉진해 주었으며, 깊은 바다에 들어가거나 하늘을 날 수 있게 해 주었다. 이렇게 수없이 많은 혜택을 가져다준 이 방법은, 사고의 메커니즘까지 해명할 수 있게 해 주었다. 이 방법으로 특정 사고가 특정 결과를 창출해 낸다는 것이 명백해진 지금, 이제 이것들의 결과를 분류하는 작업만 남았다.

　'마음먹은 대로 된다' 는 절대적인 과학적 진실에 기반을 두고 있으며 개개인의 내면에 잠재된 가능성을 명확하게 해 줄 것이다. 그리고 어떻게 하면 가능성을 꽃 피우고 예리한 통찰력과 정신적 유연성 등의 자질을 높일 수 있을지를 가르쳐 줄 것이다. 여기서 명백하게 밝혀질 마음의 법칙을 이해하는 사람은 수많은 혜택과 은혜를 누리는 힘을 갖게 될 것이다.

　'마음먹은 대로 된다' 는 현명하게 마음을 운영하는 방법을 자세히 설명하고 기회를 잡는 방법을 가르쳐 주고 있다. 또한, 의지와 추리력을 강화해 우리에게 상상력과 직관력을 키우는 방법과 활용방법을 가르쳐 주고 있다. 게다가 감성을 풍부하게 해주고 자신의 바람을 현명하게 활용하는 방법도 가르쳐 준다. 이 모든 것들은 독창성과 목적을 달성할 수 있는 인내심을 키워 준다. 선택의 지혜와 사려 깊은 배려도 가르쳐 줄 것이다. 그리고 틀림없이 더 고상하고 차원 높은 인생을 철저하게 즐기는 방법을 깨닫게 될 것이다.

'마음먹은 대로 된다'는 사고의 힘을 활용하는 방법을 전수해 준다. 잘못된 사고의 힘과 왜곡된 사고의 힘이 아닌 진정한 사고의 힘이다. 그것은 최면과 마술과는 전혀 상관이 없다. 아무것도 없는 것에서 무언가를 만들어 내는 것처럼 사람들을 속이는 사기와도 다르다.

'마음먹은 대로 된다'는 육체를 능숙하게 조절해 건강을 유지할 수 있는 지혜를 갖게 해 준다. 또한, 기억력을 개선하고 강화해 준다. 그리고 통찰력을 키워 준다. 그것은 일반적인 통찰력이 아니라 성공한 모든 비즈니스맨이 갖추고 있는 특징이라 할 수 있는 뛰어난 통찰력이다. 이 능력만 갖추게 된다면 어떤 역경 속에서도 그 가능성을 끌어 낼 수 있게 돼 기회를 찾아낼 수 있게 될 것이다. 대부분의 사람은 기회가 손에 닿을 정도로 가까이 있지만 발견하지 못한다. 그런데도 실질적인 이익을 얻을 수 없는 것에 열심히 몰두하고 있다.

'마음먹은 대로 된다'는 정신적 힘을 키워 준다. 당신이 힘 있는 인격자라는 것을 타인이 본능적으로 인정하게 될 것이다. 그로 인해 당신이 바라는 것을 상대가 당신에게 해주고 싶어 하게 된다. 다시 말해 인간과 모든 대상을 매료시키게 되는 것이다. 사람들이 흔히 '행운아'라고 부르는 사람이 될 수도 있다. '대상'이 저절로 찾아드는 것이다. 당신은 자연의 근본적인 법칙을 이해하고 그것들과 조화를 이루며 살아가게 되는 것이다. 끝이 없는 것과 동조를 하는 것이다. 그리고 사회와 비즈니스에서의 성공을 가져다줄 매료의 법칙, 자연의 성장 법칙, 심리 법칙을 이해하게 될 것이다.

정신적인 힘은 창조적인 힘이자 당신에게 스스로 창조할 수 있는 능력을 선물해 준다. 그렇다고 해서 남에게서 강제로 빼앗는 능력을 말하는 것은 아니다. 자연은 결코 그런 일을 하지 않는다. 자연은 한 장의 나뭇잎이 피어나는 곳에 두 장의 나뭇잎이 피게 한다. 사고의 힘도 인간에게 있어 이와 같은 일을 가능하게 해 준다.

'마음먹은 대로 된다'는 통찰력과 명민함, 뛰어난 독립심, 타인에게 도움이 될 능력과 성질을 키워 준다. 반면에 불신, 우울, 공포, 집착, 이 밖의 온갖 형태의 부족과 한계와 나약함을 파괴해 준다. '마음먹은 대로 된다'는 잠자고 있는 재능을 일깨워 독창성, 기백, 에너지, 활력을 불러일으켜 준다. 더 나아가 예술, 문학, 과학의 아름다움을 감상할 수 있는 능력을 일깨워 준다.

'마음먹은 대로 된다'는 모호하고 막연한 방법을 명확한 원리-모든 효율적 시스템의 기반이 되는 원리-로 바꿔 놓음으로써 수많은 사람의 인생을 바꿔 왔다.

미국 철강조합 의장인 앨버트 개리(Elbert H. Gary)는 이렇게 말했다. "대부분의 큰 사업에는 조언자와 중간간부, 유능한 경영 전문가의 능력을 빼놓을 수 없지만 가장 중요한 것은 올바르게 원리를 인식하고 적용하는 것이다."

'마음먹은 대로 된다'는 올바른 원리를 가르쳐주고 그 원리들을 실제로 적용하는 방법을 제시한다. 그런 점에서 단순한 학습지도서와는 완전히 다르다. 원리의 가치는 실용성에 있다는 것이 '마음먹은 대로 된다'의 가르침이다. 많은 사람이 책을 읽고 학습하고 강의를 들으러 가지만, 이 모든 것들에 포함된 원리의 가치를 전혀 행동으로 나타내려고 하지 않는다. '마음먹은 대로 된다'는 가르쳐준 원리의 가치를 행동으로 표출하여 일상생활에서 활용할 수 있는 방법을 제공해 준다.

세상의 사상에는 변화가 일고 있다. 우리의 한복판에서 조용히 진행되고 있는 이 변화는 이교사상의 몰락 이후 세계 각지에서 일고 있는 가장 중요한 사건 중에 하나다.

고등교육을 받은 사람들뿐만 아니라 노동자 계급을 포함한 모든 계층 사람들의 머릿속에서 일어나고 있는 이 혁명은 역사상 그 유례를 찾아볼 수 없다.

과학은 최근 무한의 자원을 밝혀내는 위대한 발견을 통해 상상을 초월할 가능성과 의심할 여지가 없는 힘을 명확히 밝혀 왔다. 게다가 과학자들은 검증이 끝난 이론이라고 분명하게 단언하거나 터무니없는 말이라고 부정할 수 없게 됐다. 그렇다, 새로운 문명이 탄생하기 시작한 것이다. 나쁜 습관, 광적인 신앙, 잔혹함 등이 점점 사라지고 있다. 희망, 신뢰, 봉사 등이 그것들을 대신하려 하고 있다. 인류는 전통이라는 틀에서 벗어나 조금씩 자유로워지고 있다. 물질만능주의가 점점 시들어 가고 사고가 발산돼 놀란 군중들 앞에 진리가 그 완전한 모습을 조금씩 드러내고 있다.

전 세계가 새로운 의식의 시대를 맞이하려 하고 있다. 새로운 힘과 자신의 내면에 잠재된 풍성한 능력에 대한 새로운 자각을 동반한 의식이다. 19세기는 역사상 가장 훌륭한 물질적 진보를 목격하게 해주었다. 20세기는 정신과 영적 세계에서 최대의 진보를 이루게 될 것이다.

자연과학은 물질을 분자로, 분자를 원자로, 원자를 에너지로 환원시켜 왔다. 그리고 J. A. 플레밍 경(1849~1945. 영국의 전기 기술자, 물리학자. 플레밍 법칙을 고안)은 영국 과학지식 보급회의 사람들 앞에서 한 연설 중에서 이 에너지를 마음으로 환원시켰다. "요약하자면 에너지란 우리가 마음이나 의지라 부르고 있는 것의 직접적인 작용의 표현이라고 볼 수밖에 없을지도 모른다."

자연에서 가장 강력한 힘이 무엇인지 살펴보기로 하자. 광물의 세계에서는 모든 것이 단단하게 고정돼 있다. 대기 중에는 열, 빛, 에너지가 있다. 눈에 보이는 것에서 보이지 않는 것, 거친 것에서 섬세한 것, 잠재력이 낮은 것에서 높은 것으로 이동함으로써 점점 미세해져 가다가 정신적인 것이 돼 간다.

자연의 가장 강력한 힘은 눈에 보이지 않는 힘이므로 인간의 가장 강력한 힘은 눈에 보이지 않는 힘인 정신적인 힘이라는 것을 알 수 있다. 그리고 정신적인 힘이 자신의 모습을 드러낼 수 있는 유일한 방법은 생각하는 과정을 통해서 뿐이다. 생각하는 것은 정신이 가진 유일한 활동이며 사고는 그 유일한 산물이다.

따라서 더하고 빼는 것은 정신적인 거래인 것이다. 추론은 정신적인 공정이며, 아이디어는 정신적인 개념이다. 의문은 정신적인 탐조등이며 논리와 토의와 철학은 정신적인 기계이다.

모든 사고는 특정 신체의 조직, 뇌와 신경과 근육의 일부를 활동하게 한다. 그것이 조직의 구조에 실질적인 물리적 변화를 만들어 낸다. 따라서 마음속으로 바라는 것만으로도 몸의 변화를 일으킬 수 있다.

그것이 실패를 성공으로 비꾸는 과정이다. 실패, 절망, 부족, 한계, 부조화와 같은 사고를 용기, 힘, 영감, 조화와 같은 사고로 바꿔 주기만 하면 되는 것이다. 이런 사고가 뿌리를 내리면 신체 조직에 변화가 생겨 인생을 새롭게 바라볼 수 있게 된다. 낡은 것은 실제로 사라지게 된다. 모든 것이 새로워지며 새롭게 태어난다. 새로운 정신으로 다시 태어나는 것이다. 당신은 새롭게 구성되어 기쁨, 자신, 희망, 에너지로 가득해진다. 지금까지 보이지 않았던 성공의 기회가 보이게 될 것이다. 과거에는 의미를 부여하지 않았던 것에서 가능성을 발견하게 된다. 당신 마음속을 물들인 성공의 사고는 주변 사람들에게도 퍼져 나간다. 그러면 주변 사람들은 당신의 전진과 상승을 도와주게 된다. 당신은 당신 주변으로 성공한 사람들을 끌어들인다. 그것이 당신의 환경을 바꿔 줄 것이다. 이처럼 단순히 사고방식을 바꾸기만 해도, 자신은 물론 주변환경과 처지도 바꿀 수 있게 된다.

우리는 새로운 아침을 맞이하고 있다는 것을 반드시 이해해야 한다. 눈부실 정도로 무한한 가능성이 눈앞에 펼쳐지려 하는 것을 깨달을 필요가 있다. 1세기 전 기관총을 가지고 있던 사람이라면 누구나 당시 사용됐던 전투용 무기밖에 가지고 있지 않은 부대를 전멸시킬 수 있었을 것이다. 따라서 기관총이 현재도 여전히 건재한 것이다. '마음먹은 대로 된다'에 실려 있는 지혜를 몸에 익힌 사람은 누구나 믿기 어려울 정도로 다른 사람보다 절대 우위에 서게 될 것이다.

－찰스 해낼

*성공의 싹은 언제든지 피울 수 있다

찰스 해낼은 19세기 후반에 미국에서 종교 종파, 비종교적인 회원 단체, 저자, 철학자 및 효과에 관한 형이상학적 신념의 집합을 공유하는 사람들이 긍정적인 생각, 인력의 법칙, 치료, 생명의 힘을, 창조적 이미지의 시각화, 그리고 개인의 힘에 대해 새로운 사상(The New Thought Movement) 또는 새로운 생각을 하기 위한 운동으로 개개인의 영적인 개발을 주장한 사람 중의 한 사람이었다.

이 운동의 주축이 된 사람들로는 찰스 필모어, 윌리엄 워커 앳킨슨, 어니스트 홈즈, 오리슨 마든, 프랜티스 멀 포드 등이 있다.

현재 새로운 사상을 주장하는 이들의 수많은 저서가 국내외에 널리 소개되어 있지만, 각각 조금씩 다른 시각에서 접근했고, 이들의 공통적이고 근본적인 주장은 성공과 행복에 있으며, 그중에 찰스 해낼은 현대 사회에서 흔히 이야기하는 성공철학, 자기계발의 단계를 뛰어넘어 철학적 접근을 시도했기 때문에 다소 난해 할 수도 있다.

그러나 새로운 사상을 주장한 이 모든 이들의 근본적인 사상의 바탕이 다름 아닌 인도와 동양의 정신문화에 기반을 두고 있다는 것은 너무나 명확한 사실이며, 프랜티스 멀 포드는 자신의 저서에서 이 사실에 대해 확실히 설명하고 있다.

아마도 독자들 또한 이 책은 물론 이 새로운 사상(The New Thought Movement)에 관한 책을 접하면서 왠지 모르게 낯익다는 생각이 드는 사람도 많을 것으로 생각한다. 그 이유는 앞서 말했듯이 그들이 말하는 정신적 힘이란 19세기 후반에 들어 서구의 수많은 지식인이 동양의 사상을 접하면서 그 힘에 눈을 뜨게 됐기 때문이다. 우리에게는 너무나 익숙했던 이런 사상은 그들에게 있어서는 너무나 충격적이면서도 새로운 방향, 혹은 성공의 길을 열어주는 정신적 지주가 될 수 있었던 것이다.

우리에게는 너무나 익숙한 유유상종(類類相從), 이심전심(以心傳心) 등의 개념을 받아들이게 된 것이다. 그리고 정신일도하사불성(精神一到何事不成:정신을 한곳으로 모으면 무슨 일인들 이룰 수 있다는 뜻으로, 정신을 집중하여 노력하면 어떤 어려운 일이라도 성취할 수 있다는 말)이라는 말로 요약할 수 있다.

이렇듯 우리는 이미 학교나 부모님들을 통해 그 말의 뜻과 의미를 알고는 있었지만 그다지 깊은 감명을 가지고 접근을 하지 못했다. 그 이유는 마치 공기나 물처럼 우리 주변에 너무나 가까이 있었기에 그 존재에 대해 깊은 성찰과 노력을 하지 못했고, 전 세계가 서구화되어 가는 과정에서 새로운 사상운동을 주창한 이 사상의 저자들과는 인생에서 추구하는 목표와 그 달성 과정이 역행하고 있었던 것이다.

이미 이 사상, 다시 말해 우리에게 너무나 익숙하며 이미 마음속에 내재되어 있는 정신적 힘에 대해 이해하고 그 위력을 실감한 사람들은 그 힘을 통해 위대한 성공을 거두었으며, 지금도 여전히 성공을 위한, 그리고 목표달성을 위한 지침서로써 되 물림 되고 있다.

그 중의 가장 유명한 사람이 하버드 재학시절부터 이 책을 접하게 되면서 막대한 부와 명예를 달성한 빌 게이츠이며, 현재도 실리콘밸리에서 성공을 거두고 있는 기업가들이 이 책을 성공의 바이블로써 탐독하고 있다.

그리고 현재 세계적으로 베스트셀러가 된 론다 번의 『시크릿』 또한 이들의 사상을 많이 받아들이고 인용했다.

나는 이 책은 물론 이 운동에 동참한 몇몇 저자들의 책을 번역하면서 각각 그 표현 방식은 조금씩 다르지만 결국에는 이미 우리 마음속에 품고 있던 생각과 정신을 인용한 것에 불과하다는 생각을 하게 되었다. 따라서 우리는 이미 품고 있는 성공에 대한 싹을 언제든지 꽃피울 수 있는 정신적 능력을 갖추고 있는 것이다. 이 점을 머릿속과 가슴속에 깊이 새기며 천천히 자신을 돌아볼 수 있는 계기와 성공을 거두기 위한 원동력이 될 수 있기를 바란다.

-역자

제1주

모든 힘은 내면으로부터 나온다

제1주

*

이렇게 '마음먹은 대로 된다' 시스템의 1주차 레슨을 할 수 있게 된 것은 내게 있어 대단히 영광스러운 일이다. 당신은 자신의 인생을 더욱 더 활기차게 할 생각이 있는가? 그렇다면 당신에게는 힘이 있다는 의식을 몸에 익히길 바란다. 좀 더 행복해지고 싶다고 원한다면 스스로 행복하다는 의식을 할 필요가 있다. 힘과 건강과 행복이 이미 당신의 것이 된 것처럼 생활한다면 자연스럽게 그런 의식이 몸에 배게 될 것이다. 그렇게 되면 그런 의식들을 멀리할 수 없게 될 것이다. 이 세상의 모든 것은 인간의 내면의 힘으로 어떻게든 변할 수 있다.

당신은 그 힘을 획득하려 노력할 필요가 없다. 당신에게는 이미 그 힘이 잠재돼 있다. 하지만 당신은 그것을 이해하고 자유자재로 조종하고 싶을 것이다. 힘을 마음대로 활용할 수 있다면 모든 사람의 앞에 서서 세상을 이끌어 갈 수 있기 때문이다.

날마다 발전하고 세력이 커짐에 따라 당신의 직관력은 더욱 높아지고, 계획이 결실을 보고, 판단력이 높아진다. 그렇게 되면 이 세상이 죽은 돌과 나뭇더미가 아니라 생생하게 살아 있는 존재라는 걸 깨닫게 될 것이다! 세상은 생명과 아름다움으로 가득 차 있으며 인간의 심장처럼 맥박이 뛰고 있는 것이다.

단, 이와 같은 것을 실천하기 위해서는 먼저 이해할 필요가 있다. 이해할 수 있게 된 사람은 새로운 빛에 고무돼 새로운 힘을 얻게 된다. 하루하루 자신감을 키워 힘을 획득하고 희망을 실현할 수 있게 되는 것이다. 꿈은 현실로 이루어져 인생이 더 깊이 있고 명확한 의미를 지니게 돼 만족감을 가져다주게 된다.

모든 힘은 내면으로부터 나온다

많은 것을 가진 사람이 더 많은 것을 갖게 된다는 것은 어디로 보나 진실이다. 손해가 더 큰 손해를 불러들인다는 것도 진실이다.

마음은 창조적이다. 인생의 상황과 환경, 경험 등은 모두 습관적인 마음가짐과 경향이 만들어 낸 결과이다.

마음가짐이 우리의 사고에 좌우되는 것은 필연이다. 따라서 인생에서 얼마만큼의 힘을 갖추고 어느 정도로 달성할 수 있는지, 그리고 얼마만큼 소유할 수 있을지는 어떻게 생각하는가에 달렸다.

앞서 말한 것들이 진실이라는 것은 다음과 같은 이유 때문이다. 우리는 '하다(do)' 이전에 '존재(be)' 하지 않으면 안 된다. 어느 정도 '존재' 하는가에 따라 '하다' 는 제한된다. 그리고 '존재한다.' 는 것은 '생각'하는 것에 따라 좌우된다.

　5 우리는 지니고 있지 않은 힘을 표현할 수는 없다. 힘을 손에 넣을 수 있는 단 한 가지 방법은 힘을 의식할 수 있게 되는 것이다. 모든 힘이 자신의 내면에 있다는 것을 배우기 전까지는 힘을 의식할 수 없다.

　6 사람에게는 내면세계가 있다. 사고와 감정과 힘의 세계이자, 빛과 생명과 아름다움의 세계이기도 하다. 눈에 보이지는 않지만 그 힘은 그야말로 대단한 것이다.

　7 내면세계는 마음의 지배를 받는다. 내면세계를 들여다보면 모든 문제의 해결책, 모든 문제의 원인과 결과를 찾을 수 있다. 내면세계는 우리에 의해 제어되고 있으므로 힘과 부와 관련된 모든 법칙도 제어할 수 있다.

　8 외부세계는 내면세계의 반영이다. 외부에 있는 것처럼 보이는 것은 내부에서 끌어낸 것이다. 내면세계에는 무한의 예지와 힘이 잠재돼 있다. 그곳에는 성장해서 꽃 피우기 위해 필요한 모든 것들이 무궁무진하게 공급된다. 내면세계에 그런 가능성이 잠재돼 있다는 것을 인식한다면 그것들은 외부세계에 형태를 가진 것으로 나타난다.

9. 내면세계의 조화는 원만한 상태, 쾌적한 환경, 풍요로운 생활로 외부세계에 반영된다. 그것은 건강하게 살기위한 토대이며 인생을 힘차게 살기 위해, 그리고 위대한 일을 달성하고 성공하기 위해 필요한 것이다.

10. 내면세계의 조화란 자신의 사고를 조종해 경험이 어떻게 자신에게 영향을 끼치는지를 스스로 정하는 능력을 가리킨다.

11. 내면세계의 조화는 낙천성과 풍요를 가져다준다. 내면의 풍요는 외부세계의 풍요로 모습을 드러낸다.

12. 내면세계는 내적인 의식 환경과 상태를 그대로 투영한다.

13. 내면세계에서 지혜를 발견하면 놀랄 만한 가능성을 발견하고 이해를 할 수 있게 돼 그곳에서 다시 그 가능성을 외부세계에서 표출할 수 있는 힘을 얻게 될 것이다.

14. 내면세계의 지혜를 자각하게 되면 그 지혜를 정신적으로 소유할 수 있게 돼 완벽하게 균형이 잡힌 성장을 이루기 위해 필요한 요소를 표출하는 데 없어서는 안 되는 힘과 지혜를 실제로 얻을 수 있게 된다.

15. 내면세계는 세상 사람들이 용기, 희망, 정열, 자신감, 신뢰와 신용 등을 창출해 내는 실용적인 세계이다. 이런 성질들로 그들은 미래를 내다보는 뛰어난 지성과 전망을 현실화시키는 실용적인 기술을 얻게 된다.

16. 인생은 축적되는 것이 아니라 진행되는 것이다. 외부세계에서 얻어진 것들은 내면세계에서 이미 갖추고 있는 것이다.

17. 모든 부는 의식에 기반을 두고 있다. 모든 이익은 축적된 의식의 결과물이며, 모든 손실은 혼돈된 의식의 결과물이다.

18. 마음의 효율적인 작용은 조화에서 나온다. 부조화는 혼돈을 의미한다. 따라서 힘을 얻고자 하는 사람은 자연의 법칙과의 조화가 필요하다.

19. 우리는 객관적인 마음을 통해 외부세계와 관계를 맺는다. 그 마음의 무기가 뇌이며 뇌 척추신경계가 몸의 모든 조직과 의식적인 소통을 가능하게 한다. 이 신경계는 빛, 열, 냄새, 맛과 같은 모든 감각에 반응한다.

20. 이 마음이 올바르게 생각하고 진리를 이해해 뇌 척추신경계를

통해 몸에 전달된 사고가 건설적인 감각이라면 그것들은 즐겁고 편안한 것으로 느끼게 된다.

21. 그로 인해 우리는 강인함과 활력이 몸에 배게 돼 육체에 건설적인 힘이 깃들게 된다. 그런데 고통, 병, 결핍, 한계, 모든 부조화가 우리들의 인생에 초래하는 것도 마찬가지로 객관적인 마음을 통해서이다. 따라서 사악한 생각을 품으면 우리는 파괴적으로 바뀌게 된다.

22. 우리는 잠재의식을 통해 내면세계와 소통을 하며 태양신경총(太陽神經叢)이라는 기관에서 마음을 관장한다. 교감신경계가 기쁨, 두려움, 사랑, 긴장, 호흡, 상상, 이 밖의 모든 무의식적인 현상을 관장한다. 우리가 우주정신과 연결돼 우주의 무한한 건설적인 힘과 이어지는 것은 잠재의식을 통해서이다.

23. 인생의 최대 비밀은 이 두 가지 생명의 중심이 어떻게 조화를 이루며 작용하고 있는지를 깊이 이해하는 데 있다. 이것만 깨닫게 된다면 객관적인 마음과 주관적인 마음을 의식적으로 조절할 수 있게 돼 유한한 것과 무한한 것에 관해 균형을 이룰 수 있게 된다. 미래가 완전히 우리가 바라는 대로 이루어질 것이며, 변덕스럽고 불확실한 외부의 힘에 의해 흔들리지 않게 된다.

24. 단 한 가지 원리 내지는 의식이 우주 전체로 퍼져 모든 공간을 가득 채우고 있다는데 이견을 제시할 사람은 없을 것이다. 우주 어디를 보나, 아무리 사소한 공간이라 할지라도 이 원리가 작용하고 있지 않은 곳은 없다. 그것은 전지전능하며 있는 그대로 퍼져 나가 모든 사고와 물질을 감싼다. 그것은 만물의 원천인 것이다.

25. 사고하는 '의식'은 우주에 단 하나뿐이며 그 의식이 사고할 때, 그 사고는 객관적인 것이 된다. 이 의식은 널리 퍼져 나가기 때문에 당연히 모든 사람에게도 존재하고 있다. 각각의 개인은 우주에 존재하는 이 전지전능한 의식의 표출인 것이다.

26. 우주에 '의식'은 오직 하나밖에 없으므로 필연적으로 당신의 의식은 우주의식과 같다고 할 수 있다. 다시 말해 모든 마음은 하나이다. 이 결론에서 결코 벗어날 수는 없다.

27. 당신의 뇌세포 속에 초점을 맺는 의식은 타인의 뇌세포 속에서 초점을 맺는 의식과 같다. 모든 인간은 우주정신이 개별적으로 표출된 모습에 지나지 않는다.

28. 우주정신은 정적이고 잠재적인 에너지다. 그것은 그저 존재할 뿐이다. 개개인을 통해서만 스스로의 존재를 드러낸다. 그리고 개개

인은 우주정신을 통해서만 이 세상에 존재할 수 있게 된다.

29. 개인의 사고 능력이란 우주정신에 작용해 표출시키는 능력이다. 인간의 의식은 생각하는 능력으로만 가능하며, 마음의 미세한 정적 에너지라고 여겨지고 있다. 그 에너지에서 마음의 동적인 측면인 '사고'라 불리는 활동이 탄생한다. 정적인 에너지인 마음과 동적인 에너지인 사고는 동전의 양면이다. 따라서 사고란 정적인 마음을 동적인 마음으로 변환함으로써 형성된 진동인 것이다.

30. 우주의 구석구석까지 퍼지는 전지전능한 우주정신 속에는 온갖 성질이 내포되어 있다. 그리고 이 모든 성질은 개개인에게 잠재된 형태로 존재하고 있다. 따라서 개개인이 생각할 때, 사고는 그 성질상 객관적인 세계에 구체적인 형태로 나타날 수밖에 없다.

31. 즉, 모든 사고는 원인이며 모든 상태는 결과이다. 바람직한 상태를 원한다면 자신의 사고를 조종하지 않으면 안 된다.

32. 모든 힘은 내면으로부터 나오는 것이므로 완전히 당신의 제어를 받고 있다. 그것은 정확한 지식 때문에 정확한 원리의 의식적 운용으로 가능해진다.

33. 이 법칙을 정확하게 이해하고 자신의 사고 공정을 조종할 수 있다면 어떤 상황에서도 적용할 수 있다는 것은 명백한 사실이다. 바꿔 말해 만물의 기초인 전지전능한 법칙과 의식적으로 동조할 수 있다는 것이다.

34. 우주정신은 현존하는 모든 원자의 생명원리이다. 모든 원자는 끊임없이 더 많은 생명을 창출하려 노력하고 있다. 모든 원자가 지성을 갖추고 스스로 만들어 낸 목적을 실현할 수 있는 길을 찾고 있다.

35. 대부분의 인간은 외부세계 속에서 살고 있으며, 내면세계를 발견한 사람은 극히 일부에 지나지 않다. 하지만 외부세계를 만들고 있는 것은 내면세계인 것이다.

36. 내적인 세계와 외적인 세계의 이런 관계를 이해한다면 이 구조를 통해 당신은 자신의 힘을 자각할 수 있다. 내적세계는 원인이며 외적세계는 결과이다. 결과를 바꾸고 싶다면 원인을 바꾸지 않으면 안 된다.

37. 지금 말하고 있는 것들이 완전히 새로운 것이라는 것을 당신은 쉽게 깨달을 수 있을 것이다. 대부분의 사람은 결과를 주물럭거림으

로써 결과를 바꾸려 한다. 그것이 고뇌의 형태를 바꾸는 것에 불과하다는 것을 깨닫지 못하는 것이다. 부조화를 제거하기 위해서는 원인을 제거해야 한다. 그 원인은 내면세계에서만 이끌어 낼 수 있다.

88 모든 성장은 내면으로부터 이루어진다. 자연을 보더라도 그것은 명백한 사실이다. 모든 식물, 모든 동물, 모든 인간이 이 위대한 법칙의 산 증인이다. 오랫동안 이어져 온 과실은 외부세계에서 힘과 에너지를 추구해 온 것이다.

89 내적세계는 만물을 창출하는 우주의 원천이며, 외부세계는 그 분출구이다. 얼마만큼의 것을 얻을 수 있는지는 이 우주의 원천을 얼마나 인식하는가에 달렸다. 모든 인간은 그 무한한 에너지의 분출구이자 다른 모든 사람과 하나이다.

40 인식은 마음의 공정이다. 따라서 마음의 활동은 개인과 우주정신이 서로 주고받는 것이다. 우주정신은 모든 공간에 침입해 모든 생물체를 살게 하는 지성이므로 이 마음의 상호작용이 인과의 법칙으로 나타난다. 그러나 인과율은 개인이 아니라 우주정신 속에서 성립된다. 그것은 객관적인 능력이 아니라 주관적인 공정이며, 그 결과는 끝없이 변화무쌍한 상황과 경험 속에서 볼 수 있다.

11. 생명을 표현하기 위해서는 반드시 마음이 필요하다. 무슨 일이든 마음이 없이는 존재할 수 없다. 존재하는 모든 것이 이 하나의 근본적 물질의 표출이며, 만물은 그로 인해 끊임없이 재생되고 있다.

12. 우리는 마음이라는 변화무쌍한 물질로 이루어진 끝이 없는 바닷속에서 살고 있다. 이 근본물질은 영원히 살며 활동을 지속하고 있다. 그것은 더없이 민감하고 정신적인 요구에 따라 형태를 바꾼다. 즉 사고가 틀이 되어 근본물질이 스스로 표현하는 것이다.

13. 이 법칙의 실용적인 가치를 이해한다면 빈곤이 풍요로, 무지가지혜로, 부조화가 조화로, 억압이 자유로 바뀌게 될 것이다. 물질적인 관점과 사회적 관점에서 볼 때 이보다 더 큰 축복은 없을 것이다.

14. 이제 한 번 실제로 해보기로 하자. 누구의 방해도 받지 않고 혼자 있을 수 있는 곳을 찾아 허리를 쭉 펴고 편안히 앉아라. 절대로 기대서는 안 된다. 15분에서 30분 정도면 마음이 완전히 진정될 것이다. 심신을 온전히 조종할 수 있을 때까지 이 훈련을 사나흘에서 일주일 동안 지속한다.

15. 모든 사람이 매우 힘겹게 느끼지만, 아주 쉽게 해내는 사람도 있을 것이다. 그저 앞으로 나갈 준비가 될 때까지 심신을 완벽하게

조절할 수 있는 것이 필요하다. 다음 주에는 다음 단계를 접하게 될 것이다. 그때까지 금주의 과제를 숙달할 수 있도록 하자.

진정한 흥미를 발견할 지혜를 주소서.
지혜가 명하는 것을 실행할 결단력을 주소서.
─B. 프랭클린

제2주
잠재의식의 경이로운 힘

우리에게 닥친 곤란은 대부분 혼란한 생각과 무지에서 비롯된다. 우리는 무엇이 정말로 중요한지를 모르고 있다. 최대 과제는 우리가 따라야 할 자연의 법칙을 발견하는 것이다. 여기서 명석한 사고와 도덕적 통찰은 이루 말할 수 없는 가치를 지니고 있다. 모든 공정은 사고의 공정이라는 견고한 기반에 입각하고 있다.

감각이 강렬할수록, 판단이 예민할수록, 미각이 예민할수록, 윤리관이 세련될수록, 지성이 섬세할수록 의지가 강할수록, 인간이 느끼는 만족은 순수하고 강렬해진다. 따라서 만물에 대한 깊은 연구는 큰 기쁨을 가져다준다.

업적을 올리거나 물질적인 진보를 이루는 것도 중요하지만, 그보다 더 멋진 것은 마음의 힘과 그 가능성을 발견하고 그 힘을 현명하게 활용하는 방법을 익히는 것이다.

사고는 에너지다. 적극적인 사고를 하면 행동 에너지가 높아지며, 사고를 집중시키면 집중력이 높아진다. 명확한 목표에 초점을 맞추면 사고는 힘을 갖게 된다. 힘을 충분히 활용한다면 빈곤의 덕과 자기부정의 아름다움과 같은 것이, 의지가 약한 사람의 잠꼬대에 불과하다는 것을 깨닫게 된다.

이 힘을 얼마나 자유자재로 활용할지는 자신의 내면에 잠재된 무한의 에너지에 얼마나 가까이 다가갈 수 있는가에 달렸다. 왜냐하면, 우리는 이 에너지의 다양한 표출에 불과하기 때문이다. 이 진리를 얼마만큼 인식하는가에 따라 개인의 인생에 있어 표출방식이 달라진다.

잠재의식의 경이로운 힘

마음의 움직임은 의식적인 것과 무의식적인 것이 서로 평행한 활동양식에 의해 창출된다. 데이비슨 교수는 "자기 자신의 의식의 빛에 의해 마음 전체를 밝히려 하는 사람은 촛불로 우주 전체를 밝히려는 사람과 마찬가지다." 라고 말했다.

무의식의 논리적 사고는 틀림없고 확실한 규칙성을 갖추고 이뤄진다. 우리의 마음은 매우 중요한 인식의 기반을 갖출 수 있도록 만들어져 있다. 그러나 우리는 활용 방법에 관해서는 전혀 이해하지 못하고 있다.

잠재적인 마음은 친절한 나그네와 같은 것으로 우리의 이익을 위해 일하고 잘 익은 과일만을 가져다준다. 이렇게 사고 공정을 철저하게 분석해 나가다 보면 잠재의식이 가장 중요한 마음의 현상이 펼쳐지는 무대라는 것을 깨닫게 된다.

셰익스피어가 의식적인 마음으로는 얻을 수 없는 위대한 진리를 아무 노력도 없이 인식할 수 있었던 것은 잠재의식을 통해서였다. 페이디아스(기원전 5세기에 활약한 아테네의 조각가)가 대리석상과 동상을 조각했던 것도, 라파엘이 성모마리아를 그리고 베토벤이 교향곡을 작곡했던 것도 마찬가지다.

모든 일을 쉽고 완벽하게 처리할 수 있을지는 얼마만큼 잠재의식에 의지하는지에 달렸다. 피아노 연주, 스케이트, 타자, 뛰어난 거래의 모든 것을 완벽하게 처리하기 위해서는 잠재의식의 도움을 받지 않으면 안 된다. 활발하게 대화를 나누면서 훌륭한 피아노 연주가 가능한 것도 잠재의식의 위대한 힘 덕분이다.

우리가 어떤 식으로 잠재의식에 의지하고 있는지는 누구나 잘 알고 있다. 우리의 사고가 더 위대하고, 더 고귀하고, 더 화려해질수록 그 원천이 우리의 이해를 초월한 것이라는 것은 확실하다. 우리는 그림이나 음악의 아름다움을 느낄 수 있는 본능과 센스를 갖추고 있지만, 그 원천이 무엇인지는 전혀 알지 못하고 있다.

7 잠재의식의 가치는 막대한 것으로 우리를 격려하고, 우리에게 경고해준다. 기억의 저장고에서 이름과 사실과 이미지를 끌어내고, 우리의 사고와 소망을 유도해내 아무리 힘들고 의식적으로는 불가능하고 복잡한 일들을 해낼 수 있다.

8 우리는 자유자재로 걸을 수가 있다. 팔을 올리고 싶으면 언제든지 올릴 수 있으며 눈과 귀를 통해 어떤 것에라도 자기 뜻대로 주의를 기울일 수 있다. 반면에 심장박동, 혈액순환, 신경과 근육조직의 형성, 골격의 구성, 그 외의 수많은 중요한 생명의 공정은 자기 뜻대로 조종할 수 없다.

9 이 두 가지 활동을 비교해보면 전자는 그 순간의 의지에 따라 결정된다. 후자는 결코 흔들림 없이 늘 일정하고 엄격한 리듬에 따라 진행된다. 우리는 후자의 활동에 두려움을 느끼며 그 신비로움을 해명하고자 애쓰고 있다. 이것들이 신체를 유지하는 데 없어서는 안될 중요한 공정이라는 것은 금방 알 수 있다. 이것들의 매우 중요한 기능은 변화무쌍한 외부의 의지 영역에서 물러나 우리 내부의 신뢰할 수 있는 영원한 힘의 지휘하에 있다고 추측할 수 있다.

10 이 두 개의 힘 중에서 외부로 향해 있고 쉽게 변하는 힘은, '의식적인 마음'이나 '객관적인 마음(외부 물질을 다루는 마음)'이라 불려

왔다. 내부의 힘은 '잠재의식'이나 '주관적인 마음'이라 불린다. 그
것은 정신적인 차원의 작용에 더해져 생명의 유지를 가능하게 해주
는 규칙적인 기능을 조종하고 있다.

11. 마음의 차원에서 각각의 작용뿐만이 아니라 둘이 서로 어떻게
협력하며 작용하고 있는가에 관해서도 확실하게 이해할 필요가 있
다. 의식적인 마음은 오감을 통해 느낌으로써 외부세계의 인상과 대
상을 처리한다.

12. 그것은 식별능력을 지니고 있으며 선택이라는 책임을 지고 있
다. 또한, 추론하는 힘(귀납적, 연역적, 분석적 추론, 삼단논법)을 가지고
있다. 추론하는 힘은 고도로 발달될 가능성이 있다. 의식적인 의지
의 중추이자 풍성한 에너지를 지니고 있다.

13. 의식적인 마음은 타인의 마음을 감동시킬 뿐만 아니라 잠재의식
에 명령을 내릴 수도 있다. 그렇게 해서 잠재의식의 책임 있는 지배
자 겸 수호자가 된다. 당신의 인생 상황을 역전시킬 수 있는 것은 의
식의 고차원적인 작용 덕분이다.

14. 잠재의식은 무방비이며 암시에 걸리기 쉬운 특성이 있다. 이 때
문에 거짓된 암시를 받아들여 우리를 공포와 빈곤, 병, 부조화 등으

로 내몰거나 온갖 악행으로 떠미는 경우가 자주 있다. 성숙한 의식적 마음은 조심스러운 보호활동으로 이런 것들을 완전히 막을 수 있다. 따라서 그것을 위대한 잠재의식의 '문지기'라 부르는 것이 적절할 것이다.

✍ 어떤 작가는 마음의 두 가지 측면의 가장 큰 차이에 관해 이렇게 표현했다. "의식적인 마음은 추론하는 의지이다. 반면에 잠재의식은 본능적인 요구이며 과거의 추론하는 의지의 산물이다."

✍ 잠재의식은 외부 정보의 샘에 의해 전달된 정보에서 정확한 추론을 끌어낸다. 그 정보가 올바르다면 잠재의식은 완벽한 결론에 도달하지만, 만약 그 정보나 암시가 잘못된 것이라면 잘못된 결론에 이르러 예측할 수 없는 사태를 초래하고 만다. 잠재의식 자체는 판단 공정에는 관여하지 않는다. 잘못된 인상에서 자신을 지키기 위해 그것은 '문지기'인 의식적인 마음에 의지하게 된다.

✍ 잠재의식은 어떤 암시든 간에 진실로 받아들이며 광활한 활동영역의 모든 곳에서 그 암시를 기반으로 행동한다. 의식적인 마음은 진실의 암시를 주기도 하지만 잘못된 암시를 하기도 한다. 후자의 경우 생명까지 위험에 처하는 수가 있다.

18. 의식적인 마음은 각성하고 있는 동안에는 계속 작동하게 돼 있다. 온갖 상황에서 '문지기'가 '방심' 하거나 냉정한 판단을 내리지 못하게 되면, 잠재의식은 무방비 상태가 돼 온갖 정보의 샘에서 암시에 노출되고 만다. 가장 위험한 것은 공황상태에 빠져 극도로 흥분하거나, 극도로 분노에 휩싸이거나, 혹은 무책임한 충동을 일으켜 걷잡을 수 없을 만큼 감정이 격양됐을 때이다. 그럴 때, 잠재의식은 주변 사람들과 상황에서 발산되는 공포, 증오, 투정, 탐욕, 자기비하, 그 밖의 온갖 부정적인 힘을 부추기는 암시에 노출되고 만다. 그로 인해 건강을 해치는 것이 일반적이다. 고통이 오래 지속할 수 있으니 잠재의식을 잘못된 인상에서 지키는 것이 대단히 중요하다.

19. 잠재의식은 직관으로 인식한다. 따라서 그 진행과정은 매우 빠르다. 의식적인 추론이라는 완만한 방법을 기다리지 못한 채, 이런 방법은 쓸 수 없게 된다.

20. 잠재의식은 심장이나 혈액처럼 자거나 쉬지 않는다. 잠재의식을 향해 특정 대상에 관해 이야기하는 것만으로도 바라던 결과를 얻을 수 있는 힘이 가동된다는 것은 이미 알고 있다. 그곳에는 우리의 바람을 어떻게든 이루어 줄 힘의 원천이 있다. 열심히 연구할 가치가 있는 깊은 원리가 잠재돼 있다.

21. 이 법칙의 작용은 매우 흥미로운 것이다. 잠재의식을 믿으면 남들과 의견이 다소 다르다 할지라도 쉽게 문제를 해결할 수 있다. 모든 것이 변하고 모든 것이 원만해진다. 복잡한 비즈니스에서 문제가 발생하더라도 잠재의식을 신뢰하는 사람은 서두르지 않고 문제가 해결될 때까지 기다릴 수 있다. 적절한 해결책을 찾고 모든 것이 제자리를 찾아갈 것이라는 걸 알고 있기 때문이다. 잠재의식을 신뢰하는 것을 배운 사람은 무한한 능력을 마음대로 조종할 수 있다.

22. 잠재의식은 우리들의 생명을 유지해주는 작용뿐만이 아니라 소망을 실현하는 원천이기도 하다. 그것은 예술적인 이상과 애타주의 사상의 원천이다. 이 본능의 힘이 없다면, 우리는 제대로 된 인생을 살 수 없다.

23. 잠재의식은 반론할 수가 없으며, 암시를 받기도 한다. 잘못된 암시를 없애기 위해서는 정반대의 강력한 암시를 계속해서 반복해 낡은 암시를 바꾸는 것이 제일 확실하다. 그러면 몇 번이고 반복하는 습관이 생기게 된다. 그 습관이 건전하고 옳은 것이라면, 바람직하지만 해로운 습관에 젖어 있다면, 잠재의식의 전능함을 인정하고 "우리는 그런 습관에서 자유롭다."는 암시를 걸어 보라. 창조적이고 신성한 원천과 하나인 잠재의식은 즉각적으로 당신의 마음을 나쁜 습관에 대한 집착에서 해방해 줄 것이다.

24. 지금까지의 내용을 잠시 정리해 보기로 하자. 신체에 대한 잠재의식의 통상적인 역할은 규칙적인 생명활동을 지탱해주며 생명의 유지와 건강 회복에 공헌한다는 것이다. 더 나아가 자손의 보존과 상황의 개선에도 관여하고 있다.

25. 정신면에서 잠재의식은 기억의 저장고이자 시간과 공간에 속박되지 않고 작용하는 훌륭한 사고의 전령을 데리고 있다. 그것은 인생의 실용적이고, 풍성하고, 독창적이며, 건설적인 힘의 원천이다. 그리고 습관의 거점이기도 하다.

26. 영적인 면에서 이상과 의지, 상상력의 원천이며 우리가 신과 하나라는 것을 인식하는 채널이 된다. 이렇게 신성을 인식하면 할수록 우리는 힘의 원천을 이해할 수 있게 된다.

27. 이렇게 묻는 사람이 있을지도 모르겠다. "잠재의식은 어째서 상황을 바꿀 수가 있는가?" 대답은 "우주정신의 일부이기 때문에."이다. 일부는 질적으로 전체와 같지 않으면 안 된다. 유일한 차이라면 정도의 차이다. 이미 앞에서 말한 바와 같이 우주정신은 창조적이다. 실제로 그것은 존재하는 유일한 창조자이다. 따라서 마음도 창조적이다. 그리고 마음의 유일한 활동은 사고하는 것이므로 사고도 필연적으로 창조적이지 않으면 안 된다.

28 그러나 그저 단순히 생각하는 것과 의식적, 체계적, 건설적으로 사고하는 것과는 커다란 차이가 있다. 의식적으로 사고할 때, 우리의 마음을 우주의식과 조화를 이루게 해 무한과 동조하게 된다. 그리고 존재하는 최고의 힘인 우주의식의 창조적 힘을 가동시킨다. 이것은 다른 모든 것과 마찬가지로 자연법칙의 지배를 받는다. 그 법칙이 바로 '인력의 법칙'이다. 우주정신은 창조적이고 자동적으로 그 대상과 상호작용을 하며 그것을 표출시킨다는 법칙이다.

29 앞 주에는 심신을 조종하기 위한 훈련을 소개했다. 그것을 완전히 익혔다면 다음 단계로 진행하자. 이번에는 사고의 조종으로 들어가기로 하겠다. 가능하다면 항상 같은 방, 같은 의자, 같은 장소를 이용하길 권장한다. 그럼 앞 주에 소개했던 방법으로 마음을 완전히 진정시키자. 모든 생각을 털어 내자. 그러면 걱정과 불안, 공포를 만들어내는 사고를 조종하여 자신이 바라는 사고만을 가슴속에 품을 수 있게 된다. 완벽하게 가능해 질 때까지 이 훈련을 꾸준히 반복하길 바란다.

30 이 훈련은 한 번에 아주 짧은 시간밖에 할 수 없을 수도 있지만 충분한 가치가 있다. 왜냐하면, 그것은 어떤 사고가 당신의 마음의 세계에 끊임없이 소통하려 하고 있다는 것을 실감해 줄 것이기 때문이다.

다음 주는 좀 더 흥미로운 훈련을 소개할 예정이다. 하지만 그 전에 이번 주 훈련을 완전히 익혀 두길 바란다.

원인과 결과의 법칙은 눈에 보이는 물질의 세계와 마찬가지로 감춰진 사고의 영역에 있어서도, 절대적인 것이며 틀에서 벗어나지도 않는다. 마음은 인격이라는 내면의 옷과 환경이라는 외부의 옷 두 가지 옷을 짜는 숙달된 직공이다. ─제임스 앨런

제3주
신체의 태양

제3주

*

인간은 우주의식에 의식을 전달할 수 있다. 그 상호작용이 원인과 결과를 만들어 낸다. 따라서 사고는 원인이며 당신이 인생에서 조우하는 체험은 결과라 할 수 있다. 그러므로 자신의 불행에 대한 불평을 늘어놓는 것은 그만두자. 왜냐하면, 그런 처지를 바꾸고 자신이 바라는 대로 이뤄질 수 있는지는 당신에게 달려 있기 때문이다.

참되고 지속적인 힘을 창출해 내는 마음의 재산이 언제라도 당신 마음대로 될 수 있다는 것을 자각하는 노력을 해라.

자신의 힘을 믿고 끝까지 헤쳐나가겠다는 마음만 있다면, 인생에서 올바른 목적을 달성하는 데 실패 따위는 있을 수 없다. 왜냐하면, 의지의 힘은 목적을 갖춘 의지와 손잡고 소망을 결실로 이뤄 줄 준비를 항상 하고 있기 때문이다. 그것을 자각할 수 있을 때까지 훈련을 계속하길 바란다.

처음에는 의식적으로 행동하지만 습관이 되면 자동적인 행동으로 바뀌고 잠재의식으로 조종할 수 있어진다. 하지만 이것은 이전과 마찬가지로 이치에 맞는 것이다. 의식이 다른 것에 주의를 기울일 수 있게 되기 위해서는 행동이 자동적이거나 의식적으로 바뀔 필요가 있다. 그러면 새로운 행동도 습관이 돼 무의식적으로 행하게 된다. 그렇게 되면 마음은 그 행동을 면밀하게 살펴야 하는 번거로움에서 해방돼 다른 활동에 종사할 수 있게 된다. 이것을 깨닫게 된다면 인생의 그 어떤 상황에도 대처할 힘의 원천을 발견할 수 있게 된다.

신체의 태양

／의지와 잠재의식이 상호작용을 하면 그에 대응하는 신경계 사이에서도 마찬가지 상호작용이 일어난다. 토마스 트로워드 판사 (1847~1916. 자기 개혁에 관해 연구한 인도의 판사)는 이런 상호작용의 과정에 관해 훌륭하게 묘사하고 있다. "뇌척수계는 의식적인 마음의 기관이고, 교감신경계는 잠재의식의 기관이다. 뇌척수계는 우리가 오감을 통해 지각하고 신체의 동작을 제어하는 회로이다. 뇌는 바로 이 중추 신경계를 지니고 있다."

？교감신경계는 태양신경총으로 알려진 위 안쪽의 신경마디에 그 중추를 갖추고 있으며 신경의 생명기능을 무의식적으로 유지하는 신경 활동 회로로 되어 있다.

두 개의 신경계는 미주신경에 의해 이어져 있다. 미주신경은 자율신경계의 일부로서 대뇌에서 나와 흉곽에 이르며 심장과 폐로 가지를 뻗어 최종적으로 횡경막을 지나간다. 이렇게 해서 교감신경계와 일체가 돼 두 개의 신경계를 연결함으로써 인간을 신체적으로 하나의 존재로 만들어 준다.

우리는 모든 사고가 의식 기관인 뇌에 의해 받아들여지고 판단을 내린다는 것에 관해 살펴봤다. 객관적인 마음이 그 사고를 올바르게 인식하면, 그것은 주관적인 마음의 가슴인 태양신경총으로 전달돼 현실세계에 육체를 통해 드러나게 된다. 잠재의식은 반론의 여지가 없이 행동할 뿐이며 객관적인 마음의 결론을 최종적인 것으로 받아들인다.

태양신경총은 신체의 태양에 비유된다. 왜냐하면, 신체가 끊임없이 생성해 내는 에너지의 배급 센터이기 때문이다. 이 에너지와 태양은 매우 현실적인 것이다. 에너지는 매우 현실적인 신경에 의해 신체 구석구석까지 골고루 전달돼 신체를 둘러싼 대기 중에 발산된다.

이때 발산된 에너지가 충분한 힘을 발휘하면 그 사람은 매력적이다, 인간적 매력이 넘친다고 느끼게 된다. 그런 사람들은 모든 일에 좋은 영향력을 끼치는 강렬한 힘을 가지게 된다. 곁에 있는 것만으로도 불안한 마음을 안정시켜 주는 경우도 많다.

7 태양신경총이 활동하고 신체의 모든 부분과 만나는 모든 사람에게 생명력, 에너지, 활력을 발산하고 있으면 기분이 상쾌해지며 건강해진다. 더 나아가 그런 인물과 접촉하는 모든 사람이 즐거운 기분을 느끼게 된다.

8 이때 발산된 에너지가 어떤 이유로 방해를 받게 된다면 불유쾌한 느낌이 들어 신체 일부에 생명 에너지의 흐름이 멈추고 만다. 그것이 모든 병의 원인이 돼 주변에도 악영향을 끼치는 것이다.

9 육체적으로 병에 걸리는 것은 신체의 태양이 전신에 골고루 퍼지기에 충분한 에너지를 생성하지 못하기 때문이다. 정신적인 병은 의식적인 마음이 사고를 유지하는 데 필요한 활력을 잠재의식으로부터 얻을 수 없기 때문이다. 주변에 나쁜 영향을 끼치는 것은 잠재의식과 우주정신이 하나로 이어지는 것을 방해하기 때문이다.

10 태양신경총은 개인이 우주정신과 만나는 지점이며 그곳에서 우주정신은 개인화돼 눈에 보이는 형태를 취하게 된다. 다시 말해 태양신경총은 생명이 출현하는 지점이다. 그곳에서 생성된 생명의 양

에는 한계가 없다.

11. 이 에너지의 중심은 전능하다. 왜냐하면, 모든 생명과 지성과의 접점이기 때문이다. 그 때문에 명령받은 것은 무엇이든 가능하다. 그러므로 의식적인 마음의 힘이 중요한 역할을 담당한다. 잠재의식 은 의식적인 마음에 의해 제안받은 계획과 아이디어를 실현으로 옮 기게 한다.

12. 몸 전체에 생명력과 에너지를 전달하는 태양의 주인은 의식적인 사고이다. 우리가 품고 있는 사고의 특징과 성질이 그 태양이 발산 하는 사고의 특징과 성질을 결정한다.

13. 따라서 우리가 해야 할 일은 자신의 빛을 발산하는 일이다. 더 큰 에너지를 발산할 수 있을수록 바람직하지 않은 상태를 기쁨과 이 익의 샘으로 더 빨리 바꿀 수 있게 된다. 중요한 것은 이 빛을 어떻 게 발산할 것인가와 이 에너지를 어떻게 생성할까에 달렸다.

14. 가시가 없는 사고는 태양신경총을 넓히고, 가시 돋친 사고는 태 양신경총을 좁게 만들어 버린다. 좁아진 사고는 그것을 좁히고, 불 쾌한 사고도 그것을 좁히고 만다. 용기, 힘, 자신감, 희망으로 이어 지는 사고는 모두가 그에 어울리는 상태를 만들어 낸다. 가장 해로

운 것은 두려움이다. 빛을 발산하고 싶다면 처음부터 두려워하지 마라. 두려움은 전멸시키거나 영구적으로 추방해야 한다. 영원한 어둠을 만들어 내 태양을 가리는 먹구름이기 때문이다.

15. 사람은 두려움이라는 악마에 사로잡히면 과거, 현재, 미래를 두려워할 뿐만 아니라 자기 자신과 친구, 그리고 그 적까지도 모두 두려워하게 된다. 두려움을 완전히 박멸시키면 먹구름은 걷히고, 당신은 빛을 발산하게 될 것이다. 그리고 힘과 에너지와 생명의 샘을 발견하게 될 것이다.

16. 자신이 무한의 힘과 진정으로 하나가 됐다고 깨닫고, 사고의 힘으로 어떤 역경도 뛰어넘을 수 있는 능력을 갖추고 있다는 것을 표출할 수 있다면 아무것도 두려워하지 않을 것이다. 두려움은 박멸되고 당신의 권리를 방해하는 것은 모두 사라질 것이다.

17. 우리가 어떤 경험을 할지 정하는 것은 인생에 대한 우리의 마음가짐에 달렸다. 아무런 기대도 하지 않는다면 아무것도 얻을 수 없다. 많은 것을 요구하면 더 많을 것을 얻을 수 있다. 자신의 주장을 펼 수 없다면 삶은 고통스러워질 것이다. 자신의 주장을 관철할 수 없다면 세상의 비판은 혹독할 것이다. 그런 비판이 두려워 수많은 생각과 아이디어가 빛을 볼 수 없는 것이다.

18. 하지만 자신이 몸에 신경총을 지니고 있다는 것을 깨닫고 있는 사람은 비판 따위는 두려워하지 않는다. 용기와 자신감, 힘을 발산하는 것만으로도 바쁘기 때문이다. 그런 사람들은 마음가짐만으로 성공을 기대한다. 눈앞의 장애물을 부숴 버리고 두려움이 만들어 내는 의심과 머뭇거림의 골짜기를 훌쩍 뛰어넘는 것이다.

19. 의식적인 마음가짐으로 건강, 강인함, 조화 등을 손에 쥘 수 있다는 것을 깨닫게 된다면 두려울 것이 전혀 없다. 왜냐하면, 우리는 그렇게 됨으로써 무한의 힘과 접하고 있기 때문이다.

20. 이 지식은 현실에 적용해야만 자신의 것이 된다. 우리는 실제로 행동함으로서 배우게 된다. 운동선수가 연습을 통해 실력을 향상하는 것과 마찬가지로.

21. 다음에 다룰 내용은 매우 중요한 것이므로 몇 가지 방법으로 이야기하고자 한다. 만약 당신이 종교적인 인간이라면 "당신은 자신의 빛을 발산할 수 있다."라고 표현할 수 있다. 만약 자연과학적인 경향이 있다면 "당신은 태양신경총을 자각할 수 있다."라고 표현할 수 있다. 만약 엄밀한 과학적 해석을 즐긴다면 "당신은 잠재의식에 인상을 새길 수 있다."라고 표현할 수 있다.

22 그 결과가 어떻게 될지는 이미 이야기했다. 당신이 현재 흥미를 지니고 있는 것은 그 방법이다. 잠재의식이 지성을 갖추고 창조적이고 의식적으로 의지에 민감한 반응을 한다는 것은 이미 배웠다. 그렇다면 소망을 잠재의식에 새기는데 가장 자연적인 방법은 무엇일까? 마음속으로 바라는 대상을 갈망한다. 그러면 소망은 잠재의식에 깊이 파고들게 된다.

23 이것이 유일한 방법은 아니다. 그러나 간단하면서도 효과적인 방법이자 가장 직접적인 방법이다. 따라서 최고의 효과를 얻을 수 있는 방법이다. 그것은 놀랄만한 결과를 창출해 내, 많은 사람이 기적이라고 여기는 방법이다.

24 그것은 모든 위대한 발명가, 자본가, 정치가, 소망과 신념처럼 눈에 보이지 않는 영험한 힘을 객관적인 세계 속에서 실제로 느낄 수 있고 볼 수 있는 사실로 바꿔 줄 수 있는 방법이다.

25 잠재의식은 우주정신의 일부이다. 우주정신은 우주의 창조원리이다. 부분은 전체와 그 질과 종류에서 똑같지 않으면 안 된다. 왜냐하면, 이 창조적 힘이 무조건적으로 무한하다는 것을 의미하기 때문이다. 그것은 어떤 전례의 구속도 받지 않는다. 따라서 그 건설적인 원리를 적용하기 위한 기존의 틀을 지니고 있지 않다.

26. 우리는 잠재의식이 의식에 반응한다는 것을 배웠다. 그것은 우주정신의 무한한 창조적 힘이 개인의 의식적인 마음의 제어를 받고 있다는 것을 의미한다.

27. 이제부터 이야기할 레슨에서 설명할 훈련과 함께 이 원리를 현실에 적용하고자 할 때, 잠재의식이 당신이 바라는 결과를 창출해내는 방법을 일일이 설명할 필요가 없다는 것을 염두에 두길 바란다. 유한한 말로 무한한 세계를 표현하기에는 부족하다. 당신은 그저 자신이 바라는 것을 갈망하기만 하면 된다.

28. 당신은 아직 분화되지 않은 존재가 나눠지는 회로이다. 적절한 요소를 충당해주면 분화가 된다. 필요한 것은 당신의 소망에 걸맞은 결과를 창출해 낼 요소를 집어넣는다는 인식뿐이다. 그것이 달성되기 위해서는 우주정신이 개인을 통해서만 활동할 수 있고, 개인이 우주정신을 통해서만 활동할 수 있기 때문이다. 개인과 우주정신은 하나이다.

29. 이번 주 훈련에서 당신은 한 발짝 더 앞으로 나가게 된다. 마음을 진정시키고 가능한 한 사고를 억제하며 편안하게 근육의 긴장을 이완시켜라. 근육을 정상상태로 되돌리는 것이다. 이것은 신경에서 모든 압박을 해소하고 신체 에너지를 소모하게 하는 긴장을 해소해

준다.

30. 신체적 이완은 자발적인 의지에 의한 운동이다. 이 운동은 뇌와 신체의 혈액순환을 좋게 한다는 의미에서 커다란 가치가 있다.

31. 긴장은 정신적인 불안과 정신활동에 이상을 일으킨다. 그것은 걱정과 근심, 불안과 공포 등을 창출한다. 마음의 기능을 완벽하게 가동하기 위해서는 마음을 안정시키는 것이 가장 중요하다.

32. 이 훈련을 철저히 수행하여 모든 근육과 신경을 안정시키겠다고 마음속으로 굳게 결심하자. 마음이 안정되면서 여유롭고 안정된 기분을 되찾을 수 있게 돼, 자기 자신과 세상이 조화를 이루고 있다는 느낌이 들 때까지 지속하자.

33. 그러면 태양신경총이 작동할 준비가 끝난 것이며, 당신은 그 결과에 깜짝 놀랄 것이다.

원인과 성공을 위해 중요한 것은 어디서부터 시작할 것인가가 아니라 얼마나 높은 목표를 정할지에 달려 있다. ─넬슨 만델라

제4주
힘의 비밀

제4주

*

이제 4주차 레슨으로 들어가기로 하자. 이 장에서는 당신이 생각하는 것, 행동하는 것, 느끼는 것이 당신이 누구인지를 확실히 알려줄 것이다.

사고는 에너지이며 에너지는 힘이다. 세계가 한정된 성과밖에 얻을 수 없는 것은 지금까지 세상과 친숙했던 종교, 과학, 철학이 에너지 그 자체가 아니라 에너지 현상에 주목했기 때문이다. 그렇게 원인을 무시해온 것이다. 게다가 종교에는 신과 악마가 있고, 과학에는 긍정과 부정이 있으며, 철학에는 선과 악이 있다.

'마음먹은 대로 된다' 는 이 공정을 완전히 뒤집어 대부분 원인에 관심을 기울이고 있는데, 이 과정을 마친 사람에게서 놀랄 만한 편지가 한 통 날아왔다. 그는 자신의 건강, 조화, 부, 그 밖에 자신의 번영과 행복을 위해 필요한 것을 손에 넣는 방법을 깨달았다는 내용이었다.

인생은 표현하는 무대와 같다. 자기 자신을 원만하고 건설적으로 표현하는 것은 우리의 임무이다. 슬픔, 비참, 불행, 병, 빈곤 등은 전혀 필요 없다. 우리는 끊임없이 이것들을 제거하려 하고 있다.

하지만 이것들을 제거하기 위해서는 온갖 종류의 한계를 뛰어넘지 않으면 안 된다. 자신의 사고력을 강화하고 깨끗하게 정화한 사람은 불필요한 걱정을 할 필요가 없다. 부의 법칙을 이해한 사람은 당장에라도 그 원천에 도달할 수 있다.

이렇게 해서 선장이 배를, 기관사가 열차를 조종하는 것과 마찬가지로 숙명, 재산, 운명과 같은 것들을 능숙하게 조종할 수 있다.

힘의 비밀

1. 당신의 '나'는 육체가 아니다. 육체는 '나'가 각각의 목적을 달성하기 위해 활용하는 도구에 불과하다. '나'는 마음도 아니다. 마음은 '나'가 생각하고, 추측하고, 계획을 세우기 위해 활용하는 하나의 도구에 지나지 않는다.

2. '나'는 육체와 마음, 이 두 가지를 조종하고 인도하는 뭔가가 아니면 안 된다. 심신이 무얼 어떻게 할지를 결정하는 것이 아니면 안 된다. 이 '나'의 본성을 자각하게 된다면 당신은 지금까지 경험하지 못했던 힘에 대한 감각을 맛볼 수 있게 될 것이다.

3. 당신의 인격은 무수한 개인적 특징, 독특함, 습관, 성격으로 형성된다. 이것들은 당신의 지금까지 사고방식의 결과지만 참된

'나' 와는 관계가 없다.

4 당신이 "나는 ~ 생각한다."라고 생각한다고 말할 때, 그 '나' 는 무얼 생각할지를 마음에 전달한다. "나는 ~ 간다."라고 말할 때, '나' 는 어딜 갈지 육체에 전달한다. 이 '나' 의 본성은 영적인 것이다. 이 본성이야말로 참된 힘의 원천이며 그것을 깨달음으로써 힘이 생겨나는 것이다.

5 이 '나' 에게 주어진 가장 위대하고 놀랄 만한 힘은 생각하는 힘이다. 그런데도 건설적이고 올바른 사고방법을 알고 있는 사람은 거의 없다. 그래서 하찮은 결과밖에 얻을 수 없다. 대부분 사람은 이기적인 목적으로 사고를 이용한다. 그것은 유치한 마음에서 생겨나는 필연적인 결과이다. 마음이 성숙하면 온갖 이기적 사고에 패배라는 세균이 기생하고 있다는 것을 이해하게 된다.

6 정화된 마음은 모든 거래에 있어 관련된 모든 사람이 어떤 형태로든 이익이 돌아간다는 것을 알고 있다. 타인의 약점과 무지, 필요 때문에 접근해 이익을 얻고자 하는 모든 행위는 반드시 불이익으로 이어진다.

7 그것은 개인이 우주 일부이기 때문이다. 특정 부분이 다른 부분

들을 적으로 돌릴 수는 없다. 반면에 각 부분이 번영을 이룰 수 있을지 없을지는 전체의 이익을 확인할 수 있는가에 달려 있다.

8 이 원리를 인식한 사람은 무슨 일이든 매우 유리한 입장에 서게 된다. 그런 사람은 불필요한 에너지 소모도 없으며 변덕스러운 생각을 쉽게 배제할 수 있다. 어떤 대상이라도 최상의 상태로 쉽게 집중할 수 있다. 게다가 자신에게 아무런 이익도 되지 않을 것 같은 것에 시간과 금전적 낭비를 막아 준다.

9 당신이 이렇게 할 수 없는 것은 지금까지 필요한 노력을 하지 않은 탓이다. 지금 당장 노력을 하자. 결과는 당신의 노력과 비례할 것이다. 의지를 강화하고 목적을 달성할 힘을 자각하는 데 필요한 가장 강하고 긍정적인 암시 중에 하나는 '나는 내가 원하는 사람이 될 수 있다.' 이다.

10 이 암시를 반복할 때마다 '나'는 누군지 인식하길 바란다. '나'의 본성을 철저하게 이해하는 노력을 하길 바란다. 그러면 당신은 전혀 흔들림 없는 존재가 될 것이다. 그러기 위해서는 당신의 목적이 건설적이고 우주의 창조원리와 조화를 이루는 것이어야 한다.

11 이 긍정적 암시를 아침부터 저녁때까지 끊임없이 반복하면 결국

당신의 일부가 되고 습관으로 이어질 것이다.

12. 그렇게 될 때까지 아무것도 시작하지 않는 것이 좋을 것이다. 왜냐하면, 무슨 일을 시작해서 끝까지 해내지 못한다면, 혹은 결심을 하고 지속하지 못한다면 반드시 실패하는 습관으로 이어진다는 것을 현대 심리학에서도 지적하고 있기 때문이다. 지속할 수 없는 것은 시작해서는 안 된다. 일단 시작하면 하늘이 무너지는 한이 있더라도 계속해라. 뭔가를 하기로 했다면 그것을 하라. 그 어떤 것, 그 누구의 방해를 받아서도 안 된다. 당신 속의 '나'가 결정한 것이므로 모든 것은 정해진 대로 흘러갈 것이다. 이미 주사위는 던져졌으니 더 이상 토론의 여지는 없는 것이다.

13. 먼저 자신이 조종할 수 있는 작은 일에서 시작해 서서히 노력을 늘려 간다면 최종적으로 자기 자신을 조종할 수 있게 될 것이다. 단, 어떤 상황에서라도 '나'가 지배당하는 일이 있어서는 안 된다. 많은 사람은 안타깝게도 자기 자신을 조종하기보다 왕국을 조종하기가 훨씬 쉽다는 것을 알고 있다.

14. 그러나 자기 자신을 조종하는 기술을 습득한다면, 외부세계를 조종하는 '내면의 세계'를 깨닫는다면, 모든 사람이 저항할 수 없는 매력을 발산하게 된다. 당신이 아무런 노력도 하지 않더라도 사람들

이나 모든 대상이 당신의 진실한 마음에 응하게 될 것이다.

15. 그것은 언뜻 보기에 불가능해 보일 수도 있다. 그러나 '내면의 세계'가 '나'에 의해 조종되고, 그 '나'가 일반적으로 신이라 불리는 우주 에너지나 정신인 무한의 '나'의 일부이자 그것과 하나라는 것을 떠올린다면 전혀 이상할 게 없다는 것을 깨닫게 될 것이다.

16. 단순한 논리로 이런 말을 하는 것이 아니다. 그것은 최고의 종교 사상과 과학사상에 의해 전수돼 온 사실이다.

17. 허버트 스펜서(1820~1903. 영국의 철학자)는 이렇게 말했다. "우리를 둘러싼 모든 신비 속에서, 우리가 만물을 생성해 내는 무한 에너지에 영원히 둘러싸여 있다는 사실만큼 확실한 것은 없다."

18. 뱅고어 신학대학의 졸업생들을 위한 연설에서 라이먼 애벗 (1836~1922. 미국의 신학자)은 이렇게 말했다. "우리는 신을 외부에서 인간을 조종하는 존재가 아니라, 인간의 내면에 사는 존재로 여기게 됐다."

19. 과학은 만물을 너무 깊게 탐구하려 하지 않는다. 과학은 영원히 사라지지 않는 에너지를 발견하지만, 종교는 그 에너지의 배후에 있

는 힘을 발견했으며 그것은 인간에게 잠재돼 있다고 했다. 그러나 그것은 결코 새로운 발견은 아니다. 성서는 애벗의 말과 똑같은 말을 하고 있다. 그 말은 아주 쉽고 설득력을 갖추고 있다. "너희는 너희가 하나님의 성전인 것과 하나님의 성령이 너희 안에 계시는 것을 알지 못하느냐." 그곳에 내면세계의 놀랄 만한 창조력의 비밀이 감춰져 있다.

20. 여기에 힘의 비밀이 있다. 힘에 정통하기 위한 비밀이다. 극복한다는 것은 현재에 만족하는 것은 아니다. 자기 부정은 성공이 아니다. 우리가 지니고 있지 않은 것은 주어지지 않으며, 강하지 않으면 도움도 받을 수 없다. 무한은 파산하지 않는다. 무한한 힘의 표현자인 인간들도 파산하지 않는다. 만약 타인에게 도움이 되길 원한다면, 우리는 더 많은 힘을 가질 필요가 있다. 그러나 힘을 얻기 위해서는 아낌없이 자신을 내어놓아야 한다.

21. 주면 줄수록 많은 것을 얻을 수 있다. 우리는 우주정신이 활동을 표현 가능한 회로가 돼야 한다. 우주정신은 스스로를 드러내는 방법과 인간에게 도움이 되는 방법을 끊임없이 찾고 있다. 위대한 업적을 달성할 수 있는 회로와 최고의 선을 베풀어 인류에게 가장 공헌할 수 있는 길을 찾고 있는 것이다.

22 당신이 자신의 계획과 목표를 달성하기 위해 끊임없이 노력한다면, 우주정신은 당신을 통해 표현할 수 있게 된다. 따라서 감각을 진정시키고 영감을 추구해 마음속의 활동에 초점을 맞춰 전능한 신과 일체가 되기 위한 의식을 갖도록 하라. "물결의 표면은 거칠지만 깊은 곳에서는 조용히 흐르고 있다." 우주에 널리 퍼져 있는 힘의 도움을 받아 우주정신과 교감할 수많은 기회를 마음속으로 염원하는 것이다.

23 이런 영적 교감에 의해 우주정신이 드러내고자 하는 사건과 환경, 상태를 구체적으로 연상해 보라. 만물의 근본 요소와 영혼이 영적인 것이라는 것을 이해해야 한다. 영적인 것은 존재하는 모든 것의 생명이며 실존하는 것이다. 정신이 없다면 생명은 허비되어 죽고 말 것이다.

24 이런 마음의 활동은 내면세계, 다시 말해 원인의 세계에 속해 있다. 그로 인해 생성된 환경과 상태가 결과이다. 이렇게 당신은 창조자가 되는 것이다. 이것은 매우 중요한 일이다. 더 높고 장대하며 고상한 이상을 연상할 수 있을수록 그 일은 중요한 것이 된다.

25 과도한 일과 놀이, 과도한 육체 활동은 정신적인 무관심과 정체를 초래한다. 그렇게 되면 의식적인 힘을 자각해 줄 중요한 일을 할

수 없게 된다. 따라서 무슨 일이 있을 때마다 명상이 필요하다. 힘은 휴식을 통해 생성된다. 마음을 안정시킬 수 있는 것은 명상을 통해서이다. 마음이 진정되면 생각할 수 있게 되고, 사고는 모든 것을 달성하게 해주는 열쇠이다.

26. 사고는 하나의 움직임의 형태이자 빛과 전기와 같은 파동의 법칙에 의해 전달된다. 사고는 사랑의 법칙을 통해 작용하는 정서 때문에 활력을 받으며, 성장의 법칙에 따라 자신을 표현한다. 그것은 영적인 '나'의 산물이다. 따라서 신성하고 창조적인 것이다.

27. 이상에서와같이 힘과 풍요, 그 밖의 건설적인 목표를 표현하기 위해서는 사고에 감정을 전달해 모습을 취하게 하는 여러 가지 정서를 환기해야 한다는 것은 확실하다. 이 목표를 어떡하면 달성할 수 있을까? 그것은 매우 중요한 포인트이다. 어떡하면 위업을 달성할 신념, 용기, 감정을 키울 수 있는 것일까?

28. 답은 훈련이다. 우리가 육체를 단련시키기 위해 훈련을 하는 것과 마찬가지로 정신적인 강인함도 단련할 수 있다. 무언가를 생각할 때, 처음에는 고생할 수도 있지만 두 번째는 조금 쉬워진다. 그리고 몇 번이고 반복해서 생각하는 사이 그것은 마음의 습관으로 이어진다. 같은 것을 계속해서 생각하게 되면 결국 자동으로 생각하게 된

다. 그리고 그렇게 생각하지 않으면 안 되게 된다. 이제 자신이 생각하고 있는 것에 자신감을 느끼게 돼 전혀 의심할 필요도 없게 된다. 우리는 확신하고 있다. 잘 알고 있다.

29. 지난주 편에 우리는 안정을 취하기 위해 육체의 긴장을 푸는 방법을 알아봤다. 이번 주에는 지난주 편의 훈련을 하루 15분에서 20분가량 훈련을 한다면 틀림없이 육체를 안정시킬 수 있을 것이다. 의식적으로 그것을 빠르고 완벽하게 할 수 없는 사람은 아직 자기 자신의 주인이 아니다. 아직 자유를 획득하지 못한 것이다. 아직 환경의 노예인 상태이다. 그러나 나는 당신이 그 훈련을 완전히 익혀 정신적인 자유를 얻게 되면, 다음 단계로 진행할 준비가 됐다고 가정하겠다.

30. 이번 주에는 일단 평소처럼 완벽하게 안정을 취하고 육체의 긴장을 모두 풀어 준다. 그리고 마음의 무거운 짐이 돼 있는 것, 예를 들어 증오, 분노, 불안, 질투, 슬픔, 고뇌, 실망 등을 모두 털어 버리자.

31. 당신은 그런 것들을 "털어 버리지 못한다."고 말할지도 모르지만 가능한 일이다. 마음속으로 그렇게 하겠다고 결단을 내리고 지속해서 굳은 의지를 갖추면 된다.

32 일부 사람들이 그것이 불가능한 것은, 지성이 아니라 스스로 감정의 지배를 당하도록 용납했기 때문이다. 하지만 지성의 인도를 받은 사람은 승리한다. 처음에는 힘이 들 수도 있지만, 연습이 성공으로 인도해 줄 것이다. 언젠가 분명히 모든 불화의 씨앗인 파괴적이고 부정적인 사고를 완벽하게 추방하는 데 성공할 것이다.

우리가 품고 있는 사고의 질이 외부세계에 있는 물질과 관련돼 있다는 사실보다 더 큰 진실은 없다. 이것은 피할 수 없는 법칙이다. 사고와 대상이 상호관계에 있다는 이 법칙이 태곳적부터 사람들에게 신의 섭리를 믿게 해온 것이다. −윌리엄

제5주
마음의 집을 짓는 방법

제5주

*

5주차 레슨으로 들어가기로 하자. 이 장을 신중하게 학습한다면 힘과 대상, 모든 일이 마음의 작용에 의한 결과라는 것을 깨닫게 될 것이다.

마음의 작용이란 즉, 사고이다. 사고는 창조적이다. 인간은 이제 이전과는 다른 사고를 하고 있다. 다시 말해 현대는 창조의 시대이다. 세상은 사고하는 사람들에게 아낌없는 찬사를 보낸다.

물질은 무력하며 수동적이고 움직임이 없다. 마음은 힘이자 에너지다. 마음이 물질에 모습을 만들고 조종한다. 물질의 형태는 이전부터 존재하고 있던 사고의 표현에 불과하다.

그렇다고 해서 사고는 어떤 마법도 부리지 않고 자연의 법칙에 따를 뿐이다. 사고는 자연의 힘을 움직이게 해 자연의 에너지를 발산시킨다. 사고는 당신의 행동과 활동으로 나타나 결과적으로 당신의 친구와 지인, 그리고 최종적으로 주변의 모든 것에 영향을 끼친다. 당신은 사고를 만들어 낼 수 있다. 사고는 창조하는 힘을 갖추고 있으므로 당신은 자신이 바라는 대상을 스스로 창출해 낼 수 있다.

마음의 집을 짓는 방법

1 마음의 활동 중 적어도 90%는 무의식적으로 이루어진다. 따라서 잠재의식의 힘을 활용하지 못하는 사람은 매우 궁핍한 삶을 살게 된다.

2 잠재의식을 어떻게 활용할지만 깨닫는다면 어떤 문제라도 해결할 수 있다. 잠재의식의 공정은 항상 작용하고 있다. 그리고 가장 중요한 점은 우리가 이 활동을 지배할지, 아니면 지배를 당할지에 달려 있다. 우리는 도달해야 할 목적지와 피해야 할 위험을 가늠할 능력을 갖추고 있을까? 아니면 그저 표류하고 있을 뿐인가?

3 우리는 마음이 육체의 모든 부분에 침투해 객관적인 세계의 영향력과 더욱 지배적인 마음의 영역의 영향력에 의해 유도되거나 좌우

될 수 있다는 것을 이미 알고 있다.

 4 육체의 구석구석까지 퍼져 있는 마음은 대부분 유전의 결과이다. 유전은 과거 모든 세대의 환경이 끊임없이 변화하는 민감한 생명력의 작용에 의한 결과에 지나지 않는다. 이 사실을 이해한다면 바람직하지 않은 특성이 드러나더라도 의식적으로 대처할 수 있게 된다.

 5 우리는 자신들에게 주어진 바람직한 특성의 모든 것을 의식적으로 활용할 수도 있고, 바람직한 특성이 드러나는 것을 억제하거나 저지할 수도 있다.

 6 앞서 마음 대부분이 유전의 결과라고 했는데, 그 밖에도 가정과 직장의 환경에서 온갖 정보를 얻거나 영향을 받고 있다. 그중 대부분이 타인의 의견이나 제안으로 거의 아무런 비판도 없이 받아들여진 것이다.

 7 어떤 사고를 수긍하게 되면 그것을 받아들인 의식적인 마음이 잠재의식에 전달되고, 다시 교감신경계로 전달돼 물질적 육체로 스며든다. '말이 육체로 바뀐' 것이다.

 8 우리는 이런 방법으로 자기 자신을 끊임없이 창조에 재창조를 거

듭하고 있다. 오늘의 우리는 과거의 사고에 의한 결과물이다. 우리가 오늘 생각했던 모습대로 미래에 나타나게 될 것이다. 인력의 법칙이 우리에게 가져다주는 것은, 우리가 좋아하는 것도 바라는 것도 아니다. 또한, 다른 사람이 갖추고 있는 것도 아니다. '나 자신의 것', 다시 말해 의식하든 않든 간에 우리가 사고의 과정을 통해 만들어 낸 것을 가져다주는 것이다. 불행하게도 우리 대부분은 그것들을 무의식 속에서 만들어 내고 있다.

 $\mathscr{Q}$ 누구나 자기 자신의 집을 세울 때는 신중하게 계획을 세운다. 세세한 곳까지 면밀하게 조사를 하고 모든 자재의 장점을 파악해 최고의 것을 고른다. 하지만 마음의 집을 지을 때는 경솔하게 행동하는 이유가 뭘까? 마음의 집이 물질적인 집보다 훨씬 중요한데도 말이다. 우리의 인생에 무엇이 들어올지는 마음의 집을 짓는 재료의 질에 의해 결정된다.

 $\mathscr{M}$ 재료의 질이란 무엇인가? 그것은 우리가 과거에 축적해서 잠재의식에 입력시킨 모든 것에 의한 결과라는 것에 관해 살펴봤다. 만약 그것이 두려움, 걱정, 불안 등으로 채색돼 낙담, 부정, 의혹 등을 동반한다면, 우리가 오늘 만들고자 하는 것도 마찬가지로 부정적인 성질의 것이 될 것이다. 그것은 가치는커녕 상처와 고통을 주어 걱정과 불안을 가중할 뿐이다. 우리는 그것을 감추며 그럴듯하게 보

이기 위해 끝없이 정신을 차리지 못할 것이다.

11. 하지만 용기 있는 사고로 가득하다면 어떨까? 지금까지 줄곧 낙관적이고 긍정적이었으며 모든 부정적인 것들을 절대로 받아들이지 않았다면 결과는 어떻게 될까? 마음이라는 옷감을 짜는 모든 재료는 아주 훌륭한 것들이 될 것이다. 그러면 바라던 것을 짜낼 수 있다. 그렇게 되면 옷감이 질기고 튼튼해진다는 것을 잘 알고 있다. 따라서 미래에 대한 두려움과 불안도 없다. 그 어떤 것도 덮고 감출 필요가 없는 것이다.

12. 이것들은 모두 심리적 사실이다. 이런 사고의 공정에는 이론이나 추측은 물론 비밀도 없다. 이것들은 너무나 명백한 사실이라 누구라도 쉽게 이해할 수 있다. 필요한 것은 마음의 집을 청소하는 것이다. 매일 청소를 해서 항상 깨끗한 상태를 유지해야 한다. 우리가 진보하기 위해서는 정신적으로나 도덕적으로, 그리고 신체적으로도 청결을 유지하는 것이 필요하다.

13. 마음의 집을 청소하면 집의 재료는 우리가 실현하고 싶은 이상과 마음의 이미지를 만들어 내는 데 적합해 질 것이다.

14. 훌륭한 토지가 상속인을 기다리고 있다. 물이 흐르고 풍요로운

수확을 얻을 수 있으며 멋진 나무가 자랄 수 있는 광활한 토지가 끝없이 펼쳐져 있다. 진귀한 그림, 풍부한 책, 고가의 벽걸이 장식 등, 부족함 없이 안락함을 누릴 수 있는 넓고 쾌적한 저택이 있다. 상속인이 해야 할 일은 상속권을 주장해 땅을 물려받아 활용하는 것이다. 그것을 자신의 것으로 만들지 않으면 안 된다. 방치해서 썩히면 안 된다. 활용하는 것만이 지속할 수 있는 유일한 조건이다. 무시하는 것은 잃는 것을 의미한다.

15. 마음과 정신의 영역, 실용적 힘의 영역에서는 멋진 대지가 당신을 기다리고 있다. 당신은 상속인이다. 스스로 상속권을 주장하고 풍요로운 유산을 계승하여 사용할 수 있다. 그 결과 환경을 마음먹은 대로 활용할 수 있게 된다. 건강, 조화, 번영이 당신의 자산항목이다. 그것은 당신에게 안정과 평화를 가져다준다. 당신에게 필요한 것은 위대한 자원을 조사하고 수확하는 일뿐이다. 당신이 잃는 것은 한계와 속박, 나약함뿐이며 어떤 희생도 강요하지 않는다. 풍요로운 유산을 물려받은 당신은 영광스런 토지의 주인이 될 것이다.

16. 이 토지를 얻기 위해서는 세 가지 과정이 필요하다. 먼저 진정으로 그것을 바라야 한다. 다음으로 자신의 권리를 주장해야 한다. 그리고 소유하지 않으면 안 된다.

17. 이 모든 과정은 특별히 무거운 짐이 되지는 않는다.

18. 당신은 유전학에 능통하다. 다윈, 헉슬리, 헤켈, 그 밖의 과학자들은 유전이 서서히 기능을 진화시키는 법칙이라는 증거를 착실하게 쌓아 왔다. 직립보행, 움직일 힘, 소화기관, 혈액순환, 신경의 힘, 근육의 힘, 골격구조, 그 밖의 모든 신체적 능력을 인간에게 선물한 것은 유전에 의한 점진적 진화이다. 마음의 힘에 대한 유전에는 훨씬 인상적인 사실이 있다. 이상의 모든 것이 인간의 유전자라 불리는 것을 구성하고 있다.

19. 하지만 자연과학자들이 아직 이해하지 못한 유전이 있다. 제일 처음 창조를 명령한 자비로운 힘에 관한 것이다. 과학자들이 두 손을 들며 설명을 포기하는 순간 그 신성한 유전은 발견된다.

20. 신이 모든 피조물에 생명을 불어넣어 준 신성한 힘을 말하는 것이다. 과학자들은 물질에 생명을 불어넣을 수는 없다. 그런 일은 앞으로도 영원히 불가능할 것이다. 그것은 감히 접하기 힘든 숭고한 힘 속에서도 두드러진다. 그 어떤 인간의 유전도 그것에 감히 접할 수 없으며 비교할 수조차 없다.

21. 무한의 생명이 당신 속을 흐르고 있다. 무한의 생명 바로 당신이

다. 그 문은 의식적으로 열거나 닫을 수 없다. 그 문을 열어 두는 것이 바로 힘의 비결이다.

22 모든 생명과 힘의 원천이 내면에 있다는 것은 위대한 사실이다. 인간과 환경, 사건은 온갖 것들을 요구하거나 많은 기회를 제공할지도 모르지만, 요구에 응하는 힘과 통찰력, 강인함 등은 내면에 있는 것이다.

23 거짓된 위장은 피하라. 무한의 샘인 우주정신에서 직접적으로 흐르는 힘을 기반으로 확고한 의식의 기초를 다져라. 당신은 우주정신의 이미지인 것이다.

24 이 유산을 소유할 수 있게 된 사람은 완벽하게 변신할 수 있다. 지금까지 꿈에서도 볼 수 없었던 힘에 대한 감각을 느낄 수 있을 것이다. 그들은 공포에 질려 동요하지 않을 것이다. 확실하게 전능한 신과 연결되는 것이다. 그들 속에서 무언가가 눈을 뜨기 시작한 것이다. 자신이 지금까지 전혀 의식하지 못했던 놀라운 잠재능력을 어느 순간 발견한 것이다.

25 이 힘은 내면에서 나오는데 의식하지 못한다면 받을 수 없다. 활용하는 것이 그 유산을 받을 수 있는 조건이다. 우리는 전능의 힘

이 형태로 나뉘는 회로이다. 우리가 그것을 깨닫지 못한다면 그 회로는 막혀 버려 더 이상 아무것도 받을 수 없다. 이것은 인생의 모든 상황, 모든 노력, 모든 계층의 사람들에게 해당한다. 많은 것을 의식할수록 많은 것이 주어진다. 더욱 강해지기를 바라는 운동선수는 자신이 지니고 있는 힘을 쓰지 않으면 안 된다. 쓰면 쓸수록 강해지는 것이다. 많은 돈을 벌길 바라는 금융가는 가지고 있는 돈을 쓰지 않으면 안 된다. 왜냐하면, 써야만 얻을 수 있기 때문이다.

26. 상품을 계속해서 팔 수 없는 장사꾼에게는 아무것도 들어오지 않는다. 효율적인 서비스를 할 수 없는 회사는 곧바로 고객들을 잃게 될 것이다. 승소하지 못하는 변호사는 당장 의뢰인을 잃게 돼 스스로 찾아 나서지 않으면 안 된다. 힘이 있는지 없는지는 우리가 이미 갖추고 있는 힘을 적절하게 활용할 수 있을지에 달렸다. 모든 분야의 노력과 모든 인생 경험에 해당하는 것은 인간이 알고 있는 다른 모든 힘을 창출하는 힘, 다시 말해 영적 힘에 해당한다. 정신을 배제하면 무엇이 남겠는가? 아무것도 남지 않는다.

27. 정신이 존재하는 모든 것의 전부라고 한다면 신체적, 정신적, 영적인 모든 힘을 표출할 수 있는 능력은 확실하게 이 사실을 인식할 수 있을지에 달려 있을 것이다.

28 모든 재산은 모으려는 마음가짐(즉, 돈에 대한 의식)의 산물이다. 그것은 당신에게 아이디어를 제공해주는 마법의 지팡이이며, 당신이 실행해야 할 계획을 짜낼 것이다. 당신은 그것을 실행함으로써 달성하고 맛볼 만족감과 거의 같은 희열을 느끼게 될 것이다.

29 이제 방으로 가 이전처럼 의자에 앉아 같은 자세를 취하라. 그런 다음 마음속에서 즐거운 연상을 할 수 있는 곳을 선택하라. 그 장소를 또렷하게 떠올려 건물, 땅, 나무들, 친구, 단체 등을 선명하게 연상하라. 당신이 집중하길 바라는 이상적인 광경이 상당히 선명하게 연상하지 못할 수도 있다. 그렇다고 실망하지는 마라. 지속적인 노력이 승리를 가져다줄 것이다. 매일 이 훈련을 빠짐없이 지속해서 하는 것이 중요하다.

마음을 진정시키는 호흡법

이 호흡은 오랜 훈련을 한 사람들이 높이 평가하고 있다. 이것은 심장의 활동을 온
화하게 해 정상으로 되돌려 주어 평정심과 안심감을 느끼게 해주기 때문에 신경이
피로에 지쳐 있을 때 진정해주는 효과가 있다고 알려졌다.

1. 코로 충분히 숨을 들이마신다.
2. 몸을 살짝 앞으로 숙인 뒤 꼭 다문 입 사이로 강하게 숨을 내뱉는다. 숨을
   제대로 내뱉으면 증기가 빠져나가듯이 '슈우~' 하는 소리가 날 것이다.
3. 코에서 다시 한 번 숨을 한 번 들이마신다.
4. 입을 벌려 강하게 숨을 내뱉는다. 동시에 조용히 속삭이듯이 '하앗' 하는 소
   리를 낸다.
5. 그리고 다시 평소의 자연스러운 호흡으로 돌아간다.

이 훈련을 반복하면 많은 도움이 될 것이다.
숨을 내뱉을 때는 '하앗' 이라는 음을 바꾸어 연속적으로 속삭이듯이 같은 방법으로
'히이', '호오', '하아', '하앗', '후우', '후아', '휴아', '후오' 와 같은 방법으로 하
면 된다.

제6주
주의력을 키워라

제6주

*

이제 6주차 레슨으로 들어가자. 이 장에서는 지금까지 창조된 가장 훌륭한 메커니즘에 관해 철저히 규명하기로 하자. 그것은 당신이 스스로 건강, 강인함, 성공, 번영, 그 밖에 바라는 상태를 창출해 낼 수 있는 메커니즘이다. 필요한 것은 요구다. 요구는 행동을 유발하고 행동은 결과를 끌어낸다. 진화의 공정은 오늘 존재하고 있는 것에서 끊임없이 새로운 것을 만들어 낸다. 개인의 발달은 우주의 진화와 마찬가지로 점점 능력과 용량을 늘려 가는 것임이 틀림없다.

우리는 타인의 권리를 침해하면 도덕적으로 부적절한 인간으로 취급되어 인생의 모든 상황에서 번거로운 일에 휩싸이게 된다는 것을 잘 알고 있다. 따라서 역으로 "가능한 많은 사람에게 최선을 다하는 것." 이야말로 성공을 거두기 위해 도움이 된다는 것이다. 높은 뜻과 소망을 마음에 품고 타인과 원만한 인간관계를 유지하는 것이 좋은 결과를 가져다주는 것이다. 최대의 장애는 잘못된 생각에 빠져 있다.

영원한 진실과 보조를 맞추기 위해서는 마음의 평화와 조화를 유지해야 한다. 정보를 받아들이기 위해서는 수신기의 파장을 송신기의 파장에 맞춰야 한다.

사고는 마음의 산물이며 마음은 창조적이다. 그렇지만 우주가 우리와 우리의 생각에 맞추어서 그 운영체계를 바꾸지는 않는다. 우리가 우주와 조화를 이루는 관계를 맺어야 한다. 우리에게 이것이 가능해진다면 우주에 무엇이든 바랄 수 있으며, 그 방법은 저절로 깨닫게 될 것이다.

주의력을 키워라

／ 우주정신은 상상을 초월할 정도로 큰 것이므로 그 실체와 가능성, 끝없는 생산력 등의 모든 것을 이해하기는 힘들다.

２ 우주정신은 지성 그 자체임과 동시에 물질이기도 하다. 그렇다면 과연 어떤 식으로 물질화되는 것일까? 우리는 어떡하면 바라는 결과를 얻을 수 있는 걸까?

３ 전기의 작용에 관해 기사들에게 물어보면 모든 기사가 이렇게 말할 것이다. "전기는 운동의 한 형태이며 그 효과는 적용하는 메커니즘에 따라 달라진다." 이 메커니즘은 열을 발산하고, 빛을 비추고, 물건을 움직이고, 음악을 틀어 주는 등, 이 밖에 어떻게 활용하는가에 따라 달라진다.

4 사고는 어떤 결과를 만들어 낼까? 사고는 바람이 공기의 운동인 것처럼 마음의 운동이며, 그 효과는 '적용하는 메커니즘'에 전적으로 의존한다.

5 여기에 모든 정신적 힘의 비밀이 숨겨져 있다. 어떤 메커니즘을 적용하는가에 따라 힘의 표출이 달라지는 것이다.

6 그 메커니즘이란 무엇인가? 당신은 에디슨, 벨, 마르코니 (1874~1937. 이탈리아의 전기기사), 그 밖의 전기 마법사들에 의해 발명된 메커니즘-거리와 시간의 감각을 극적으로 바꿔 주는 메커니즘-에 관해 어느 정도 알고 있다. 하지만 우주의 전능한 힘을 변화시키기 위해 당신에게 주어진 메커니즘이 에디슨보다 위대한 발명가에 의해 발명됐다는 사실에 관해 진지하게 생각해 본 적이 있는가?

7 우리는 땅을 경작하기 위해 사용하는 도구의 메커니즘과 자신이 운전하는 자동차의 메커니즘에 관해서는 이해하려고 노력한다. 그런데 대부분의 사람들은 지금까지 의존해 온 가장 위대한 메커니즘 인 인간의 뇌에 관해서는 완전히 무시한 상태이다.

8 이 메커니즘의 경이로움에 관해 살펴보기로 하자. 그러면 뇌가 원인이 되어 만들어 내는 온갖 효과를 더 정확히 이해할 수 있을 것

이다.

　먼저 우리가 살아 있는 위대한 정신세계가 있다. 이 세계는 전지전능하고 우주의 구석구석까지 퍼져 있어 우리의 소망에 응해주지만, 어느 정도까지 응해 줄지는 우리의 목적과 신념의 강인함에 비례한다. 우리가 품고 있는 목적은 존재의 법칙과 일치해야 한다. 다시 말해 창조적이거나 건설적이 돼야 한다. 우리의 신념은 목적을 실현하는 조류를 발생시킬 만큼 강한 힘을 가져야 한다. "그대가 믿는 대로 이루어지리라."는 말은 과학적인 검증이 끝난 말이다.

　외부세계에 표출된 결과는 개인과 우주정신과의 상호작용의 결과이다. 그것은 우리가 사고라 부르고 있는 과정이다. 뇌는 이 공정을 수행하는 기관이다. 그 경이로움을 한 번 생각해보기 바란다. 당신은 음악, 꽃, 문학을 사랑하고 있는가? 아니면 고대와 현대의 천재 사상들에 감동하는가? 어떤 아름다움이라 할지라도 뇌에 그 상이 맺어지지 않으면 감상할 수 없다.

　자연의 저장고에는 뇌가 표현할 수 없는 미덕과 원리는 전혀 없다. 뇌는 필요에 따라 언제라도 발달할 수 있는 태아의 세계이다. 그것이 과학적 진리이자 자연의 훌륭한 법칙 중의 하나라는 사실을 깨닫는다면 이런 경이로운 결과를 창출해내는 메커니즘에 관해 쉽게 이해할 수 있을 것이다.

12. 신경계는 전력을 생산하는 전지를 가진 회로에 비유할 수 있다. 그리고 그 백질(뇌와 척수에서 신경 섬유로 이루어져 흰색으로 보이는 부분)은 전류를 전달하는 절연된 전선에 비유된다. 모든 충동과 소망은 이들 회로를 통해 뇌라는 메커니즘에 전달된다.

13. 척수는 운동감각정보의 위대한 전달경로이자 육체로부터의 메시지를 뇌에 전달하거나 뇌의 메시지를 육체에 전달하기도 한다. 그리고 정맥과 동맥에 혈액을 공급해 우리의 에너지와 힘을 쇄신해주기 위한 혈액공급과 우리의 전신을 지탱해주는 골격구조가 있고, 마지막으로 전신을 감싸는 아름다운 외투인 섬세한 피부가 있다.

14. 이것이 곧 '살아 있는 신의 사원'이며, 개인인 '나'에게 통제권이 주어져 있다. 자신의 통제하에 있는 이 메커니즘을 얼마나 이해할 수 있을까에 따라 결과가 크게 좌우된다.

15. 모든 사고는 뇌세포를 활동시킨다. 처음 사고를 향한 근원물질은 반응하지 않지만 사고가 세련되고 집중력이 커지면 최종적으로 반응을 통해 완벽하게 스스로를 표현한다.

16. 이런 마음의 영향은 자신의 모든 부분에 미쳐 해로운 요소를 제거한다.

17. 정신세계를 지배하는 법칙을 완전히 이해하고 파악하면 비즈니스에 있어 막대한 가치가 있다는 것은 틀림없는 사실이다. 왜냐하면, 사리분별력을 키워 사실보다 선명하게 이해하고 평가하는 데 도움을 주기 때문이다.

18. 겉모습이 아니라 내면을 바라보는 인간은 최종적으로 인생의 코스를 결정하는 강한 힘을 활용할 수 있게 된다. 그로 인해 자신이 더욱 강력하게 바라는 것들과 모두 동조돼 살 수 있게 된다.

19. 주의력과 집중력은 마음의 발달에 있어 없어서는 안 되는 가장 중요한 필수품이다. 올바르게 활용한 주의력은 너무나 놀라운 것이라 경험하지 못한 사람에게는 믿기지 않을 수도 있다. 남녀를 막론하고 성공한 모든 사람은 두드러진 점으로 예리한 주의력을 키우고 있다. 그것은 가장 가치 있는 개인적 성과물이다.

20. 주의력은 태양광선을 집중시키는 돋보기와 비교하면 이해가 빠를 것이다. 태양광선은 돋보기를 움직이면 이리저리 퍼져 제대로 힘을 발휘할 수 없다. 그러나 돋보기를 고정하고 일정 시간 동안 한곳

에 빛을 모으면 그 효과는 엄청나다.

21 사고의 힘 또한 마찬가지다. 사고를 이리저리로 퍼뜨리면 힘이 분산돼 아무런 효과도 얻을 수 없다. 하지만 주의와 집중 때문에 일정 시간 동안 하나의 목표에 힘을 집중시키면 불가능한 일이 없다.

22 확실한 목표와 대상에 사고를 집중시킨 경험이 없는 사람에게는 하나의 대상을 골라 명확한 목적을 가지고 10분 동안 그것에 주의를 집중시키는 훈련을 권한다. 마음이 흐트러지기 때문에 아마도 쉽지는 않을 것이다. 그리고 10분이 지나더라도 아무것도 얻을 수 없을 것이다. 왜냐하면, 사고를 목표에 고정할 수 없기 때문이다.

23 하지만 주의력을 키우면 당신의 길을 가로막는 그 어떤 장애물이라 할지라도 뛰어넘을 수 있다. 이 멋진 힘을 얻기 위한 유일한 방법은 훈련이다. 다른 모든 일이 다 그렇듯이 훈련을 쌓으면 서서히 힘이 생기게 될 것이다.

24 주의력을 키우기 위해 사람의 얼굴 사진 한 장을 준비해 이전처럼 같은 방, 같은 의자, 같은 자세로 앉자. 적어도 10분 동안은 사진을 자세히 들여다보며 눈의 표정, 얼굴 생김새, 옷, 헤어스타일 등을 뇌에 각인해라. 실제로 사진에 찍혀 있는 모든 세세한 곳에 주의를

집중해 뇌에 각인시켜라. 다음으로 사진을 덮고 눈을 감은 뒤 마음속으로 사진을 재현해 보라. 사진의 이미지를 세세한 곳까지 마음속으로 재현할 수 있다면 성공이다. 만약 불가능하면 가능할 때까지 이 방법을 계속적으로 반복하기 바란다.

25. 이 단계는 단순히 땅을 고르기 위한 수순에 불과하다. 다음 주에서는 씨앗을 뿌리기 위한 준비를 하자.

26. 최종적으로 당신의 기분과 태도, 의식 등을 조정할 수 있기 위해서는 이런 훈련이 필요하다.

27. 위대한 금융가는 쾌적한 기분으로 여유롭게 계획을 짤 수 있는 시간적 여유를 갖기 위해, 사람들을 피해 몸을 감추는 요령을 알고 있다.

28. 성공한 비즈니스맨은 성공한 다른 비즈니스맨의 아이디어에 끊임없이 주의를 기울임으로써 이익을 얻고 있다.

29. 단 하나의 아이디어가 수백만 달러의 가치를 지니고 있을지도 모른다. 그런 아이디어는 그것을 받아들일 준비가 된 성공할 마음의 틀을 갖추고 있는 사람에게만 찾아든다.

30. 인간은 스스로 우주정신과 조화를 이루는 방법을 배우고 있다. 만물의 일체성을 배우고 있는 것이다. 인간은 사고의 기초적인 수단으로 원리를 배우고 그것이 상황을 바꿔 좋은 결과를 확장해 준다.

31. 정신적, 영적으로 진화하면 그에 걸맞은 환경과 상황이 따라온다. 인간은 지식의 뒤에 성장이, 영감의 뒤에 행동이, 인식 뒤에 기회가 찾아온다는 것을 깨닫고 있다. 처음에는 언제나 영적인 것이지만, 그것이 무한한 성공 가능성으로 변화하는 것이다.

32. 개인은 우주정신이 분화된 회로에 불과하기 때문에 이러한 가능성은 무한하다.

33. 사고란 힘의 진수를 흡수해 일상 생활의 일부가 될 때까지 그것을 의식 뒤편에서 끝없이 기다리는 구조이다. 지금까지 이야기해온 기본적 원리를 확실하게 파악하고 끈기 있게 실천으로 옮긴다면 우주의 진리로 통하는 문이 활짝 열릴 것이다.

34. 현재 인간들을 고통스럽게 하는 두 가지 커다란 원인은 육체적 질병과 정신적 불안이다. 이것들은 우리의 단편적인 지식에서 기인한다. 하지만 오랜 세월 축적돼 온 먹구름이 사라지면서 그와 함께 불확실한 정보와 함께 딸려 오는 수많은 불행 요소도 사라지기 시작

했다.

　인간은 자기 자신을 개선하고 새롭게 태어날 수 있을 뿐만 아니라, 환경을 제어하고 자신의 운명을 바라는 대로 바꿀 수 있다. 올바른 사고의 건설적인 힘에 눈을 뜬 사람은 모두 그런 결론에 도달했다. −라슨

제7주
이미지의 위력

제7주

*

인간은 옛날부터 만물을 창조하며 끊임없이 재생하는 눈에 보이지 않는 힘을 믿어 왔다. 이 힘을 인격화해 신이라 불러도 좋을 것이며 만물에 침투되는 핵심, 혹은 정신이라 생각해도 좋을 것이다. 부르는 이름은 다르지만 똑같은 것을 가리키고 있다. 개개인에 관해 말하자면 인간은 두 가지 가치를 지니고 있다. 하나는 객관적, 물질적으로 눈에 보이는 인격적 가치이다. 그것은 육체, 뇌, 신경으로 이루어져 오감으로 인식할 수 있다. 반면에 주관적이고 눈에 보이지 않는 정신적 성질의 비인간적 측면도 지니고 있다.

인격적인 것은 개인으로서 자각을 지니고 있으며 의식적이다. 다른 모든 존재와 종류나 질이 같은 비인격적인 것은 스스로를 의식하고 있지 않아 잠재의식이라는 이름이 붙게 됐다. 의식적인 개인은 의지와 선택의 힘을 갖고 있어 곤란한 문제를 해결하는 데 분별력을 활용할 수 있다.

모든 힘의 원천과 하나인 비인간적인 것과 정신적인 것은 그런 선택할 수 없지만, 역으로 자신의 생각대로 가능하게 하는 무한의 자원을 지니고 있다. 그것은 인간의 마음으로는 상상할 수조차 없는 방법으로 온갖 결과를 창출할 수 있다.

인간의 의지에는 갖가지 제약과 오해가 동반되는데 그것에 의지할 수 있다는 것은 마음이 든든한 일이다. 게다가 당신은 무한의 힘을 내포하고 있는 잠재의식을 활용할 수도 있다. 여기서 소개하는 것은 그 놀라운 힘에 대한 과학적 설명이다. 그것을 이해하고 충분히 인식한다면 그 힘을 마음먹은 대로 활용할 수 있다. 이 장에서는 이 전능한 힘을 의식적으로 활용하는 한 가지 방법을 소개하기로 하자.

이미지의 위력

　1 시각화는 마음속의 이미지를 만드는 과정으로, 그 이미지는 당신의 미래를 만드는 패턴으로 작용하는 형틀이나 모델이 된다.

　2 아무 두려움 없이 아름답고 장대한 이미지를 마음속에 품어라. 당신 이외에 당신을 방해할 사람은 아무도 없다. 비용과 재료의 제한도 없다. 무궁무진한 공급원을 이용해 상상력 속에서 조합하는 것이다. 그것은 다른 곳에서 모습을 드러내기 전에 반드시 마음속에 존재해야 한다.

　3 선명한 이미지를 마음속으로 지속적이고 흔들림 없이 품고 있으면, 그 이미지를 서서히 당신에게로 끌어들일 수 있을 것이다. 당신은 '되고 싶은' 인간이 될 수 있다.

이것은 잘 알려진 심리학적 사실이지만 불행하게도 원하는 결과를 얻을 수 없다. 마음속의 이미지를 만들어 내는 데 도움조차 되지 않는 것은 물론 그것을 현실로 표출시키는 것은 불가능하다. 더 많은 노력이 필요하다. 대부분의 사람이 기피하는 고통스러운 정신적 작업만이 기다리고 있을 뿐이다.

제일 첫걸음은 개념화 작업이다. 이 또한 매우 중요한 작업 중의 하나이다. 그것은 당신이 구축하고자 하는 것의 설계도에 해당하는 것이기 때문이다. 설계도는 완벽하지 않으면 안 된다. 영구적인 것이 아니면 안 된다. 건축가가 30층짜리 건물을 세우려는 계획을 세울 때는 미리 모든 과정과 세세한 부분을 연상한다. 엔지니어는 협곡에 다리를 놓기 위해 모든 부품의 적정 강도를 확인한다.

그들은 실질적인 작업을 시작하기 전에 최종 결과를 연상한다. 마찬가지로 당신도 자신이 원하는 것을 마음속으로 연상하지 않으면 안 된다. 당신은 씨앗을 뿌리려 하고 있다. 하지만 씨앗을 뿌리기 전에 어떤 수확할 수 있을지 미리 알고 있어야 한다. 그것이 개념화한다는 뜻이다. 이해가 되지 않는다면 명확한 이미지를 품을 수 있을 때까지 의자에 앉아 꾸준히 훈련을 거듭하기 바란다. 그것은 서서히 명확해질 것이다. 처음에는 전체적으로 흐릿하게 밖에 볼 수 없겠지만, 서서히 모습이 드러나면서 전체적 형상이 보이며 세세한 부분까지 채워지게 될 것이다. 그리고 당신은 점점 계획을 세울 힘을 갖게 될 것이다. 당신의 계획은 최종적으로 객관적 세계 속에서 물질화될 것이다. 당신은 미래가 자신을 위해 무엇을 준비하고 있는지 깨닫게 될 것이다.

7 그런 다음 시각화 과정이 시작된다. 당신은 세세한 부분에 이를 때까지 완벽하게 영상을 연상하지 않으면 안 된다. 세세한 부분이 확실해지면 그것을 물질화시키는 방법과 수단을 알 수 있게 된다. 사고는 행동으로 이어지고, 행동은 수단을 탄생시키고, 수단은 친구를 만들어 주며, 친구는 환경을 만들어 준다. 마지막으로 제3단계, 즉 물질화가 이루어진다.

8 우주가 물질적 사실이 되기 전에 형태로 변환되는 사고라는 게 분명하다는 것은 누구나 인정하는 사실이다. 사고가 구체적인 형태를 띠고 물질적인 우주가 탄생한 것이다. 우리의 사고도 종류와 질의 면에서 우주를 창출해낸 사고와 다를 바 없다. 차이가 있다면 규모의 차이뿐이다. 따라서 우리의 사고도 모습을 취한다는 것을 알 수 있다.

9 건축가는 자신이 세울 건물을 연상한다. 자신이 바라는 대로 그것을 보는 것이다. 고층 빌딩, 저층 빌딩, 아름다운 빌딩, 소박한 빌

딩, 그 어떤 빌딩이든지 간에 그의 사고는 각각의 빌딩을 최종적으로 만들어 낼 형틀이 된다. 이미지는 종이 위에 그 모습을 드러내고 최종적으로 필요한 재료를 이용해 건물을 세울 수 있게 된다.

10. 발명가 또한 이와 마찬가지로 자신의 아이디어를 연상한다. 예를 들어 위대한 지성을 지닌 니콜라 테슬라(1856~1943. 세르비아계 미국인의 발명가. 라디오에 이용되는 유도 코일을 발명)는 역사상 가장 위대한 발명가 중의 한 사람이다. 놀랄 만한 현실을 만들어 낸 니콜라는 새로운 아이디어가 떠오르면 그것을 만들어 내기 전에 항상 마음속으로 이미지 작업을 했다. 서둘러 아이디어를 형태로 만들고 결점을 수정하는 데 시간을 허비하지 않았다. 먼저 상상 속에서 그 아이디어를 조합하고 결점을 수정하거나 변경한 것이다. 그는 '전기 실험가'라는 책에서 "아무것도 손대지 않고 빠르게 개념을 키우고 완성할 수 있다. 상상력 속에서 생각할 수 있는 모든 개선을 통해 결점이 안전히 사라지게 되면 뇌의 산물로써 구체화 된다. 내가 발명한 장치는 예외 없이 예상했던 대로 작동한다. 20년 동안 단 한 번의 예외도 없었다."

11. 당신이 니콜라와 같은 방법이 가능해진다면 '바라는 것의 실체'를 파악할 수 있게 될 것이다. 인내와 용기로 이끌어 갈 자신도 생기게 될 것이다. 집중력도 더 강해져 자신의 목적에 맞지 않는 모든 사

고를 배제할 수 있을 것이다.

12. 사고는 형태를 띠고 나타나는 것이 법칙이다. 창조적으로 생각하는 방법을 알고 있는 사람만이 사고의 숙달자로서 권위 있게 말할 수 있다.

13. 선명함과 정확함은 마음속에서 반복적인 이미지 작업을 통해서만 얻을 수 있다. 반복할수록 이미지는 선명하고 정확해진다. 그리고 이미지의 선명함과 정확함에 비례해서 외부로 드러난다. 외부 세계에서 형태로서 드러나기 전에 마음속에서 그 이미지를 확실하게 구축하지 않으면 안 되며, 적절한 소재가 없으면 마음의 세계에서조차 가치 있는 것을 전혀 만들어 내지 못한다. 소재만 있다면 바라는 것을 뭐든지 만들어 낼 수 있지만 모든 소재를 정확히 확인해야 한다. 조잡한 털실로는 질이 좋고 커다란 천을 짤 수 없는 것과 마찬가지이다.

14. 이 소재는 몇 백만에 달하는 과묵한 두뇌 노동자들에 의해 당신이 마음에 품은 형태로 만들어진다.

15. 한 번 생각해 보라! 당신은 그런 의식적인 두뇌 노동자(뇌세포라 불리고 있는)를 적어도 500만 명 이상 껴안고 있다. 더 나아가 거의

비슷한 만큼의 예비대가 있어 모든 세세한 요구에도 응할 수 있도록 대기하고 있다. 따라서 당신이 바라는 환경을 스스로 만들어 내는 데 필요한 재료를 창출해내는 힘 또한 무한하다 할 수 있다.

16. 이 수백만에 달하는 두뇌 노동자 외에도 당신의 육체에는 수십 억의 두뇌 노동자가 있어 각각 주어진 메시지와 암시를 이해하고 행동으로 옮기는데 충분한 지성을 얻을 수 있다. 이들 세포는 항상 육체를 만들어 내고 다시 고치기 위해 부지런히 움직이고 있으며 완벽한 성장에 필요한 물질을 당신에게 끌어당길 수 있는 초능력적 능력을 얻을 수 있다.

17. 그들은 모든 생명이 성장하는 데 필요한 물질을 스스로 끌어당기는 것과 마찬가지로 법칙에 따라 필요한 것을 끌어당긴다. 떡갈나무, 장미, 백합, 모두가 완벽하게 자기표현을 하기 위해 특정의 물질을 필요하다. 무언의 요구, 즉 인력의 법칙에 의해 그것을 확보하는 것이다. 그것은 당신이 완벽한 성장을 이루는 데 필요한 것을 확보할 수 있는 가장 확실한 방법이다.

18. 먼저 마음에 이미지를 품어라. 그 이미지를 선명하게 만들어라. 세세한 부분까지 명확하게 떠올릴 수 있도록 확실하게 마음속에 지속해서 유지하라. 그러면 수단과 방법이 드러나게 될 것이다. 그리

고 요구한 것이 공급될 것이다. 당신은 적절한 때에 적절한 방법으로 적절한 길로 안내될 것이다. 진심으로 바라는 것은 확신에 찬 기대를 창출해 낸다. 그리고 그것은 확고한 요구로 강화되지 않으면 안 된다. 이 세 가지가 갖춰진다면 무슨 일이든 달성할 수 있다. 진심에서 나온 바람은 감정이고 확신에 찬 기대는 사고이며 확고한 요구는 의지이기 때문이다. 이미 알아본 것처럼 감정은 사고에 활력을 주고, 의지는 사고가 성장의 법칙에 따라 모습을 드러낼 때까지 사고를 확실하고 지속해서 유지한다.

19. 인간이 그런 엄청난 힘, 다시 말해 스스로 상상조차 할 수 없는 초월적 능력을 내면에 감추고 있다는 것은 멋진 일이 아니겠는가? 우리가 항상 강인한 힘을 '내면'이 아니라 '외면'에서 찾으라고 배워 온 건 정말 이해할 수 없다. 인생에 이런 힘이 드러나면 초자연적인 것이라는 말을 들어왔다.

20. 이 대단한 힘을 이해하는 것은 매우 중요하다. 하지만 자신의 내면에 있는 힘을 이해하고 건강하고 강인한 인생을 실현하고자 진지하게 노력하더라도 실현하지 못하는 사람이 많다. 그들은 법칙을 이해하지 못하고 있다. 대부분의 경우에 그들은 돈, 권력, 건강, 부와 같은 외적인 것을 추구하지만, 그것은 결과이며 원인을 알지 못한다면 얻을 수 없다는 것에 관해서는 깨닫지 못하고 있다.

21. 외부 세계에 집착하지 않는 사람은 오로지 진리만을 추구한다. 지혜만을 추구하고 그 지혜가 모든 힘의 원천을 명백하게 해준다는 것을 발견한다. 그리고 외부 세계에 바라던 상태를 창출해내는 사고와 목적 속에 지혜가 드러난다는 것을 이해한다. 이 진리는 고귀한 목적과 용기 있는 행동으로 표출된다.

22. 이상만을 마음에 품고 외부 상태는 생각하지 말자. 그리고 내면의 세계를 아름답고 풍요롭게 만들어라. 그러면 외부 세계는 당신이 내면에서 만들어 낸 상태를 표현할 것이다. 당신은 자신이 이상적인 이미지를 만들어 낼 힘을 지니고 있다는 것을 자각하게 될 것이다. 그리고 그런 이상은 결과의 세계에 투영될 것이다.

23. 예를 들어 빚을 지고 있는 사람이 있다고 하자. 빚에 대한 생각이 머릿속에서 떠나지 않고 끝없이 그 생각뿐이다. 사고는 원인이므로 결과적으로 그는 빚에 대한 생각으로 끝나는 것이 아니라 실제보다 더 많은 빚을 떠안는 게 돼, 손실은 더욱 큰 '손실'로 이어진다는 인력의 법칙을 작동시키고 마는 것이다.

24. 그렇다면 올바른 원리는 무엇일까? 자신이 바라는 것에만 주의를 집중해야 한다. 풍요만을 떠올리면 되는 것이다. 풍요의 법칙을 작동시킬 방법과 설계를 연상하는 것이다. 풍요의 법칙이 만들어 낸

상태를 연상하는 것이다. 그러면 결과가 드러날 것이다.

25. 만약 그 법칙이 끊임없이 결핍과 공포에 대한 사고를 품고 있는 사람들에게 빈곤과 결핍 모든 형태의 한계를 불러들이도록 작용한다면, 용기와 힘의 사고를 품고 있는 사람들에게는 마찬가지로 정직하게 풍요와 부의 상태를 가져다주도록 작용할 것이다.

26. 이것은 대부분 사람에게 있어 어려운 문제이다. 우리는 너무 많은 걱정거리를 품고 있어 불안과 공포와 고통을 겉으로 드러내며 어떻게든 해야 한다며 초조해 한다. 우리는 씨앗을 뿌리고 15분마다 땅속을 파헤치며 씨앗이 자라는지를 확인하는 아이들과 닮았다. 당연히 그런 행동을 반복하면 씨앗은 싹이 트지 않는다. 하지만 대부분 사람이 마음의 세계에서 이런 행동을 반복하고 있다.

27. 씨앗을 뿌렸으면 방해하지 말고 지켜봐야 한다. 그렇다고 해서 아무것도 하지 말라는 것은 아니다. 지금까지 이상으로 훨씬 더 능숙하게 일을 처리할 수 있을 것이다. 끊임없이 새로운 길이 제시되고 새로운 문이 열릴 것이다. 바로 이 순간에 행동을 준비해야 한다. 필요한 것은 열린 마음을 갖는 것이다.

28. 사고력은 지식을 획득하기 위한 가장 강력한 수단이다. 어떤 문

제라도 그것에 집중한다면 해결책이 보일 것이다. 인간의 이해력이 미치지 않는 것은 없다. 하지만 사고력을 제어하고 당신이 바라는 대로 이루기 위해서는 노력이 필요하다.

29. 사고는 당신의 경험을 좌우하는 운명의 톱니바퀴를 회전시키는 증기를 만들어 내는 불꽃이라는 것을 염두에 두길 바란다.

30. 당신은 자신의 내면에서 가끔 자기를 느끼고 있는가? 당신은 그 자기를 주장하고 있는가, 아니면 다수파의 의견에 끌려가고 있는가? 대중은 항상 끌려가는 존재이며 선두에 서지 않는다는 걸 기억하길 바란다. 증기기관과 동력기관, 그 밖에 제안됐던 모든 발명품과 개량품에 필사적으로 저항한 것은 대중들이다.

31. 이번 주 훈련은 친구를 연상하는 것이다. 마지막에 만났던 친구를 있는 그대로 떠올려 보라. 방과 가구도 마음의 눈으로 바라보라. 서로 나누었던 이야기를 떠올리며 친구의 얼굴을 선명하게 연상해 보라. 그리고 서로 흥미를 느끼고 있는 테마에 관해 친구에게 말을 걸어라. 친구의 표정 변화나 작은 미소도 놓쳐서는 안 된다. 가능한가? 그것이 가능하다면 이제 그의 관심을 끌기 위해 모험담을 들려주고 친구의 눈이 흥미와 흥분으로 빛나는 것을 보라. 이상의 것들이 가능해졌다면 당신의 상상력은 충분하다. 당신은 훌륭하게 진화

를 해 나가고 있다.

오늘을 바라보라.
오늘은 생명이며, 생명 중의 생명이다.
그 짧은 시간 속에 당신이라는 존재의
모든 진실과 현실이 놓여 있는 성장의 지복.
행위의 영광
눈부심이 아름다움이 놓여 있다.
왜냐하면, 어제는 하나의 꿈에 지나지 않으며
내일은 하나의 꿈에 불과하다.
하지만 충실한 오늘의 삶은 어제를 행복한 꿈으로 만들고
모든 내일을 희망으로 만들어 준다.
그러니 오늘을 잘 살피라.
—산스크리트 시

제8주
상상력을 키우자

제8주

*

이제 8주차 레슨으로 들어가기로 하자. 이 장에서는 생각하는 자유를 선택했더라도 사고의 결과는 항상 불변의 법칙에 지배를 받는다는 것을 깨닫게 될 것이다. 우리의 인생이 그 어떤 변덕과 우연에도 흔들리지 않고 법칙에 의해 움직이고 있다는 것을 깨닫는다는 것은 정말 멋진 일이 아닌가? 이 법칙이 우리에게 기회를 가져다준다. 왜냐하면, 그 법칙을 따르면 확실하게 바라던 결과를 얻을 수 있기 때문이다.

그것은 우주를 웅장하고 조화로운 찬가로 만들어 주는 법칙이다. 만약 법칙이 없다면 우주는 코스모스(질서)가 아니라 카오스(혼돈)가 될 것이다.

선악의 기원에 대한 비밀을 밝힐 열쇠가 여기에 있는 것이다. 다시 말해 사고는 행동을 초래한다. 만약 당신의 사고가 건설적이고 조화로운 것이라면 결과는 선이 된다. 만약 파괴적이고 조화를 이루지 않는다면 결과는 악이 될 것이다.

다시 말해 하나의 법칙, 하나의 원리. 하나의 원인, 하나의 원천이 있을 뿐이다. 선악은 우리의 행위에 대한 결과(이 법칙을 따르고 있는지에 대한 결과)를 표현하기 위해 붙여진 이름에 불과하다.

이 법칙의 중요성에 관해서는 에머슨(1803~1882. 독창적인 사고력을 가진 사상가)과 칼라일(1759~1881. 역사적인 저술을 많이 남긴 작가)의 인생에서 충분히 증명됐다. 에머슨은 선을 사랑했으며 그의 인생은 평화와 조화의 일대 교향곡이었다. 반면에 칼라일은 악을 증오했기 때문에 그의 인생은 끝없는 분쟁과 불화의 기록이 되고 말았다.

이 위대한 두 사람은 각각 같은 이상을 지향했다. 그런데 한 사람은 건설적인 사고를 활용해 자연의 법칙과 조화를 이루며 살았고, 다른 한 사람은 부정적인 사고로 일관한 탓에 모든 종류의 성격적 불화를 불러들이게 된 것이다.

따라서 설령 그것이 '악'이라 할지라도 절대 증오해서는 안 된다는 것이 분명하다. 왜냐하면, 증오는 파괴적이기 때문이다. 파괴적인 사고를 품으면 '바람의 씨앗'을 뿌리는 것이 되어 결국 '회오리바람'을 수확하고 만다는 것을 깨닫게 될 것이다.

Where there's hope, there's life.
It fills us with fresh courage and makes us strong again.
희망이 있기에 인생도 있다.
희망이 새로운 용기를 주어 다시 강한 마음을 갖게 해준다.
-Annelies Marie Frank-

상상력을 키우자

1 사고는 중요한 원인을 품고 있다. 왜냐하면, 그것은 우주의 창조 원리이며 본질적으로 다른 비슷한 사고와 이어지기 때문이다.

2 생명의 한 가지 목적은 성장하는 것이기 때문에 존재의 기초가 되는 모든 원리는 그것에 공헌하지 않으면 안 된다. 따라서 사고는 형태를 취하고 성장의 법칙이 최종적으로 그것을 표출시키는 것이다.

3 당신은 자유롭게 생각할 수 있지만 사고의 결과는 불변 법칙의 지배를 받고 있다. 어떤 생각을 집요하게 품고 있으면 그것이 본인의 성격, 건강, 환경에 영향을 끼친다. 그러므로 바람직하지 않은 결과밖에 얻을 수 없다는 것을 알고 있는 습관을 건설적으로 생각하는

습관으로 바꾸는 것이 매우 중요한 의미로 쓰이게 된다.

✎ 그것이 절대 간단하지 않다는 것은 누구나 알고 있다. 마음의 습관을 제어하는 것은 어려운 것이다. 하지만 해서 안 되는 일은 없다. 그러기 위해서는 파괴적 사고를 건설적 사고로 재빨리 바꾸지 않으면 안 된다. 모든 사고를 분석하는 습관을 들여라. 만약 어떤 사고가 필요하다면, 다시 말해 현실화됐을 때 자기 자신만이 아니라 영향을 끼치는 모든 사람에게도 이익을 가져다줄 것이다. 무한과 조화를 이루는 것이다. 따라서 성장의 증표로 풍성한 결실을 보게 될 것이다. 그리고 조지 매슈 애덤스의 이 말을 마음에 새겨 두면 도움이 될 것이다. "문을 닫고 당신의 마음과 세계에서 특별하고 명확한 목적도 없이 들어오는 모든 요소를 멀리하는 방법을 배워라."

✎ 지금까지 당신의 사고가 비판적이고 파괴적이라 주변과 불화를 불러일으켰다면, 건설적으로 생각하는 데 도움이 될 마음의 자세를 키울 필요가 있을 것이다.

✎ 그럴 경우 상상력이 커다란 도움이 될 것이다. 상상력을 키우는 것이 미래를 만들어 줄 이상을 키우도록 인도해 줄 것이다.

✎ 상상력은 미래를 감싸 줄 천을 짜기 위한 재료를 모아 준다.

8 상상력은 새로운 사고와 경험의 세계를 관철시킬 수 있는 빛이다.

9 상상력은 모든 발견자와 발명가가 과거를 뛰어넘어 새로운 경지로 이르는 문을 열어 준 강력한 도구이다. 과거에는 '불가능' 이라 했지만, 경험은 '가능하다' 라고 한다.

10 상상력은 변화무쌍해 감각적으로 받아들일 수 있는 것들을 새로운 형태나 이념으로 완성시킨다.

11 상상력은 모든 건설적인 행동 형태에 반드시 선행되는 건설적인 사고 형태이다.

12 건설업자는 건축가에게서 설계도를 받기 전까지는 절대로 건물을 세울 수 없다. 건축가는 자신의 상상력으로 설계도를 그리지 않으면 안 된다.

13 산업계의 거물이 수백만 달러를 투자해 수백 개의 기업을 매수하고 수천 명의 종업원을 거느린 거대 기업을 만들기 위해서는 일단 그 모든 과정을 상상하지 않으면 안 된다. 물질 세상의 모든 물질은 도예가의 손에 있는 점토와 같은 것이다. 실제로 물건이 만들어지는

과정은 장인의 마음속에 있다. 그것을 가능하게 해주는 것이 상상력이다. 상상력을 키우기 위해서는 훈련이 필요하다. 육체의 근육이 아니라 마음의 근육을 단련시키기 위해서도 훈련이 필요한 것이다. 그것은 영양을 보충해주지 않으면 발달시킬 수 없다.

14. 일부 사람들이 빠져 있는 공상이나 백일몽과 상상을 혼동해선 안 된다. 백일몽은 정신적인 소모 과정으로 정신적 혼란에 빠질 위험이 있다.

15. 건설적인 상상은 정신적인 노동을 의미한다. 일부 사람들에게는 가장 어려운 노동 중에 하나라고 여겨진다. 설령 그렇다고 하더라도 그것은 엄청난 대가를 가져다준다. 왜냐하면, 인생에서 위대한 일을 달성한 사람들은 남녀를 막론하고 모두 생각하고 상상하여 꿈을 실현할 능력을 가진 사람들이기 때문이다.

16. "우주의 마음은 유일한 창조원리이다. 그것은 전지전능하며 널리 퍼져 있다. 당신은 자신의 생각하는 힘을 통해 이 전지전능한 신과 의식적으로 조화를 이룰 수 있다." 이상의 사실을 마음속 깊이 자각했을 때, 당신은 올바른 방향으로 크게 한 걸음 내딛게 될 것이다.

17. 다음 단계는 사고의 힘을 받아들이는 입장에 서는 것이다. 그것

은 우주 구석구석까지 퍼져 있기 때문에 당연히 당신의 내부에도 존재하고 있다. 그렇지만 힘을 키우지 않으면 안 된다. 그러기 위해 우리는 받아들일 마음의 자세가 되어 있어야 한다. 이것은 육체적 단련과 마찬가지로 마음의 단련을 통해 얻을 수 있다.

18. 인력의 법칙은 당신의 습관과 성격, 지배적인 마음의 자세에 대응하는 상태와 환경, 인생 경험 등을 틀림없이 확실하게 가져다줄 것이다. 교회에 있을 때나 좋은 책을 읽고 난 뒤에 어쩌다가 생각하는 것이 아니라 늘 어떤 마음 자세로 살고 있는지가 문제이다.

19. 예를 들어 하루 대부분의 시간을 부정적인 생각에 빠져 있으면서 고작 10분만 긍정적으로 생각한다면 아름답고 조화로운 상태를 기대하는 것은 무리이다.

20. 진정한 힘은 내면에서 나온다. 누구에게나 쓸 수 있는 힘이 모두 인간의 내면에 있다. 그 힘을 눈에 보이도록 하기 위해서는 먼저 자기 스스로 그것을 인정하고 일체화 시키지 않으면 안 된다.

21. 사람들은 풍요로운 삶을 원한다고 말한다. 그런데 적절한 운동과 규칙적인 식생활로 건강을 유지하고 있다면 바라던 풍요로운 생활을 실현할 수 있다고 생각한다. 그런 삶으로 얻을 수 있는 것은 무

관심에 불과하다. 하지만 진리의 눈을 뜨고 모든 생명과의 일체성을 확신하면 자신이 명석한 눈, 가벼운 발걸음, 젊음의 활력을 갖추고 있다는 것을 깨달을 수 있게 된다. 모든 힘의 원천을 발견했다는 것을 깨달을 수 있게 될 것이다.

22. 모든 잘못은 무지에서 비롯된다. 성장과 진화를 결정하는 것은 지식의 획득과 그 결과에 의해 얻어진 힘이다. 지식을 획득하고 표현하는 것이 힘을 만들어 내는 것이다. 그 힘은 영적인 것으로 만물의 핵심에 존재한다. 그것은 우주의 혼이다.

23. 이 지식은 인간의 사고력이 가져다준 결과이다. 따라서 사고는 인간의 의식적 진화의 씨앗이라고 할 수 있다. 사고와 관념의 세계에서 전진을 멈춘다면 인간은 그 자리에서 힘을 잃기 시작해 서서히 그 변화가 표정에 드러나게 된다.

24. 성공한 사람은 실현하고 싶은 상태를 지속해서 깊이 생각하는 것을 잊지 않는다. 필사적으로 추구하는 이상의 실현화에 필요한 다음 단계를 끊임없이 묘사하는 것이다. 사고는 이상이라는 건물을 세우는 재료이다. 상상력이 그들의 정신적인 일터가 된다. 마음은 성공의 건물을 세우는 데 필요한 인간과 환경을 확보하기 위한 동적인 힘이다. 상상은 모든 위대한 것들이 만들어지는 모체이다.

25. 만약 당신이 자신의 이상에 충실하고 당신의 계획이 실현될 환경이 갖춰졌을 때, 당신은 하늘의 뜻을 듣게 될 것이다. 그 결과는 당신의 신념의 강인함을 정확히 반영할 것이다. 일관적으로 유지돼 온 이상이 그것을 실현하기 위해 필요한 상태를 미리 결정하고 불러들이는 것이다.

26. 이렇게 당신은 정신과 힘을 당신 내면으로 흡수하고 모든 어려움과 고난을 이겨내고 영원한 승자가 되어 운이 좋은 인생을 영위할 것이다. 다시 말해 당신은 풍요와 조화의 상태를 불러들이는 긍정적인 힘이 되는 것이다.

27. 그것이 하나의 효모균이 되어 서서히 전체의식에 파고들어 모든 곳에 퍼져 있는 불안한 상태를 추방해 나간다.

28. 지난주에 당신은 이미지를 생성하고 그것을 눈에 보이지 않는 세계에서 눈에 보이는 세계로 가져왔다. 이번 주에는 특정 대상을 골라 그것의 기원까지 거슬러 올라가 그것이 실제로 무엇으로 이루어져 있는지를 살펴보자. 그럼으로써 상상력, 통찰력, 지각력, 명민함 등을 배양할 수 있을 것이다. 그런 능력은 많은 것을 표면적으로 관찰하는 것만으로는 키울 수 없다. 표면 아래 감춰진 구조적 부분을 볼 수 있는 날카로운 분석적 관찰에 의해서만 키울 수 있다.

29. 자신이 보고 있는 것이 단순한 결과일 뿐, 그 모든 결과를 만들어 낸 원인이 있다는 것을 이해하고 있는 사람은 거의 없다.

30. 지금까지처럼 같은 자세를 취하고 전함을 떠올려 보라. 무시무시한 괴물체가 물 위에 떠 있는 모습을 연상해 보라. 그 어디에도 생명의 징후가 있는 것처럼 보이지 않는다. 모든 것이 침묵하고 있다. 눈에 보이지 않지만, 당신은 전함 대부분이 수면 아래에 잠겨 있다는 것을 알고 있다. 이 전함이 20층 높이의 마천루와 마찬가지로 커다랗고 무거운 것이라는 것을 알고 있다. 수백 명의 인간이 맡은 임무를 다하기 위해 대기하고 있다는 것을 알고 있다. 모든 부분에서 풍부한 경험을 쌓고 숙련된 기술을 가진 사관들의 관리를 받고 있다는 것을 알고 있다. 그것은 언뜻 보기에 주변의 일에 전혀 신경을 쓰지 않고 있는 것처럼 보이지만, 주변의 모든 것을 보는 눈을 갖추고 있어 모든 것이 예리한 시선을 피할 수 없다는 것을 알고 있다. 전함은 조용히 침묵을 지키고 있어 아무런 피해도 입히지 않을 것처럼 보이지만 적을 향해 수천 파운드나 되는 무거운 포탄을 발사할 준비를 하고 있다. 이런 것들을, 아니 그 이상의 것을 당신은 별 노력을 하지 않고도 떠올릴 수 있다. 하지만 그 전함은 지금 있는 곳에 어떻게 존재하게 된 것일까? 어떻게 만들어진 것일까? 당신이 주의 깊은 관찰자라면 그런 모든 것을 알고 싶어 할 것이다.

31 강판을 제조하는 제철공장까지 찾아가 그곳에서 일하고 있는 수천 명의 종업원을 보라. 거기서 다시 거슬러 올라가 광산에서 파낸 광석, 그것이 거룻배나 화차에 실려 운반되고, 그것을 녹여 철로 바뀌는 것을 보라. 더욱 거슬러 올라가 전함을 설계하는 설계사를 보라. 그들이 전함을 건조하는 이유를 알아보기 위해 좀 더 거슬러 올라가 보라. 그리고 전함이 존재하지 않은 지점, 설계자의 뇌 속에 존재하는 한 가지 사고였을 지점까지 거슬러 올라가 보자. 전함을 건조하라는 명령은 어디에서 온 것일까? 아마도 국방부 장관의 명령을 받았을 것이다. 하지만 이 배는 아마도 전쟁을 생각하기 훨씬 이전에 계획됐을 것이다. 국회는 예산을 편성하기 위해 안건을 통과해야 한다. 아마도 이 안건에 반대하는 목소리도 있었을 것이다. 이 국회의원들은 누구를 대표하는 것일까? 바로 당신과 나이다. 따라서 우리의 일련의 사고는 전함에서 시작해 우리 자신에게서 끝난다. 평소에는 깨닫지 못하지만 우리는 많은 것에 책임을 지고 있다. 조금 더 깊이 사색을 한다면 가장 중요한 사실에 당면하게 된다. 그것은 만약 누군가가 이 막대한 양의 강판 덩어리를 건조해서 바다 위에 띄우기 위한 법칙을 발견하지 못했다면, 그 전함은 이 세상에 존재하지 못했을 것이라는 점이다.

32 그 법칙이란 바로 이것이다. "어떤 물질의 중력도 같은 체적의 물에 상응하는 중량과 같다." 이 법칙의 발견은 바다를 이용하는 모

든 종류의 여행, 교역, 전쟁에 혁명을 일으켜 대형 상선, 항공모함, 호화 여객선의 탄생을 가능하게 해주었다.

    당신은 이 훈련이 귀중하다는 것을 깨달을 것이다. 사고를 훈련해서 표면 아래의 구조를 볼 수 있게 된다면 모든 것이 다른 모습을 띠며, 중요하지 않은 것이 중요해지고 흥미가 없는 것이 흥미 있는 것으로 바뀐다. 우리가 중요하지 않다고 여겼던 것이 실제로는 제일 중요한 것으로 여겨지는 것이다.

제9주
긍정적 암시의 활용법

제9주

*

9주차 레슨으로 들어가자. 이 장에서는 자기 스스로 바라는 상태를 만들어 낼 도구를 만드는 방법을 배우게 된다.

만약 상황을 바꾸고 싶다면 자기 자신을 바꾸지 않으면 안 된다. 당신의 변덕, 소망, 공상, 야심은 곳곳에서 사악함을 만날지도 모르지만, 당신의 마음속에 있는 생각은 식물이 씨앗에서 싹이 트는 것과 마찬가지로 확실하게 겉으로 드러날 것이다.

그렇다면 상황을 바꾸고 싶을 때는 어떡하는 것이 좋을까? 대답은 간단하다. 성장의 법칙을 이용하면 된다. 원인과 결과의 법칙은 물질세계와 마찬가지로 눈에 보이지 않는 사고의 영역에서도 절대적이며 잘못을 범하는 일이 없다.

자신이 바라는 상태를 늘 품고 있어라. 그것을 기정사실로 확신하는 것이다. 그러면 강력한 긍정적 힘이 작용하게 된다. 끊임없이 반복함으로써 그것이 우리 자신의 일부가 되는 것이다. 실제로 우리는 자기 자신을 바꾸려 하고 있다. 자신이 바라는 모습으로 자신을 변화시키려 하고 있다.

성격은 우연히 만들어지는 것이 아니다. 지속적인 노력의 결과이다. 만약 당신이 겁쟁이에 우유부단하고 자의식이 과도하다면, 혹은 불안과 공포와 급박한 위험 등으로 고통을 받고 있다면 "두 가지 것이 같은 장소에 동시에 존재할 수 없다."는 사실을 떠올려라. 정신세계와 영적 세계에서도 마찬가지이다. 따라서 그것을 치유하는 방법은 명백하다. 공포, 결핍, 한계와 같은 생각을 용기, 힘, 자기신뢰, 자신감과 같은 사고로 바꾸면 그만이다.

그렇게 하기 위해 간단하고 자연스러운 방법은 자신을 특정 상황으로 바꿀 수 있는 긍정적인 사고의 암시를 이용하는 것이다. 그 긍정적 사고는 빛이 어둠을 가르듯이 확실하게 부정적인 사고를 물리치고 바라던 결과를 불러들일 것이다.

행위는 사고를 꽃피우는 것이며, 그로 인해 모든 상태가 만들어진다. 따라서 당신은 확실하게 자기 자신을 만들거나 부수는 도구를 스스로 손아귀에 넣을 수 있다. 행위의 결과로써 기쁨과 고뇌가 찾아드는 것이다.

Nature never did betray the heart that loved her.
자연은 그것을 사랑하는 사람의 마음을 절대 배신하지 않는다.
-William Wordsworth-

긍정적 암시의 활용법

／'외부의 세계'에서 바랄 수 있는 것은 세 가지밖에 없다. 그 외의 것들은 '내부의 세계'에 있다. 그것을 발견하는 비결은 개인이 발휘할 수 있는 전지전능한 힘에 올바르게 결합하는 '법칙'을 적용하기만 하면 된다.

／모든 인간이 바라는 세 가지 것, 인간으로서 최고의 표현과 완벽한 발달에 있어 없어서는 안 되는 세 가지 것이란 건강, 부, 사랑이다. 건강이 없어서는 안 된다는 것은 누구나 인정할 것이다. 육체의 고통이 있다면 그 누구라도 행복할 수 없다. 부가 필요하다는 데는 쉽게 인정하지 않을 것이다. 하지만 필수품을 손에 넣기 위한 부는 필요할 것이다. 어떤 사람에게 있어서는 충분하다고 여겨지는 것이 다른 사람에게는 부족하다고 여겨지는 경우도 있다. 자연은 충분할

뿐만 아니라 넘치도록 풍요롭기 때문에 결핍과 한계라는 것은 모두 인위적으로 잘못 끌어들인 것이라는 것을 알 수 있다.

3 사랑이 세 번째로 필요한 것이라는 것은 아마 누구나 인정할 것이다. 어쩌면 인류의 행복에 있어 가장 기본적이고 없어서는 안 될 것이라고 말하는 사람도 있을 것이다. 어쨌거나 건강과 부와 사랑 이 세 가지를 갖추고 있는 사람은 자신들의 행복의 제단에 더 이상 덧붙일 게 없다고 느낄 것이다.

4 우주의 근원물질이 '건강' '부' '사랑'에서 비롯되며, 우리는 사고에 의해 그 무한한 공급원과 의식적으로 연결된다는 것을 알고 있다. 다시 말해 올바르게 생각하는 것은 '비밀의 가장 높은 곳'에 들어가는 것이다.

5 무엇을 생각할 것인가? 그것을 알 수 있다면 "우리가 바라는 모든 것."과 이어줄 올바른 인력의 법칙을 발견할 수 있다. 이 법칙은 매우 간단하게 여겨질지도 모르지만, 부디 끝까지 읽어 주길 바란다. 그것이 실제로는 '성공 열쇠'(원한다면 '알라딘의 마법 램프'라고 해도 좋다)라는 것을 깨닫게 될 것이다. 그것이 기반, 필요조건, 번영이며 즉, 건강의 절대법칙이라는 것을 깨닫게 될 것이다.

올바르고 정확하게 생각하기 위해서는 '진실'을 알아야 한다. 진실은 모든 비즈니스와 인간관계의 기본 원리이다. 그것은 모든 올바른 행동에 앞선 상태다. 진실을 깨닫는 것, 확신하는 것, 자신을 갖는 것이 무엇과도 비교할 수 없는 만족을 가져다준다. 그것은 의심과 분쟁과 위험의 세계에서 유일하고 완고한 기반인 것이다.

7 진실을 깨닫는 것은 무한하고 전능한 힘과 조화를 이루는 것이다. 따라서 저항할 수 없는 힘과 이어지는 것을 의미한다. 모든 종류의 조화와 부조화, 의혹과 과오를 씻어 줄 힘과 이어지는 것이다. 왜냐하면, "진실은 강력하며 그 어떤 것보다 훌륭한 것"이기 때문이다.

8 좀 더 겸허한 지식인은 어떤 행동도 그것이 진실에 기반을 두고 있다는 것을 안다면 그 결과를 간단히 예언할 수 있다. 반면에 깊은 통찰력을 갖추고 아무리 힘이 있는 지식인이라 할지라도, 자신의 바람이 거짓된 것을 알고 있다는 전제에 기반을 두고 있다면 쉽게 길을 잃고 결과를 전혀 예측할 수 없다.

9 진실과 조화롭지 않은 모든 행동은 의식적이든 무의식적이든 간에 상관없이 불화를 일으켜 결국에는 그에 상응하는 손실을 당하게 된다.

10. 그렇다면 우리를 무한함과 이어주는 이 법칙을 끌어들이기 위해서는 어떻게 해서 진실을 깨달으면 좋을까?

11. 만약 진실이 우주정신의 중요한 원리이고 끝없이 퍼져있다는 것을 깨닫는다면 그로 인해 과오를 범하는 일은 없다. 예를 들어 건강을 바라고 있다면 당신 속의 '나'가 영감으로 모든 정신이 하나가 되는 것(부분은 어딜 보나 동시에 전체이다)을 자각한다면 건강을 가져다준다. 왜냐하면, 육체의 모든 세포는 당신이 본 대로의 진실을 반드시 표현하기 때문이다. 당신이 병을 보면 병을 표현할 것이다. 완벽함을 보면 완벽을 표현할 것이다.

"우리는 나무랄 데 없는 전체이자 강인하며 사랑과 조화로 가득한 행복 자체다."라는 긍정적인 사고는 원만한 상태를 불러들인다. 왜냐하면, 그 긍정적인 사고는 진실에 완벽하게 일치하기 때문이다. 진실이 나타날 때 모든 형태의 착오와 불화는 꺼질 수밖에 없는 운명에 놓인다.

12. '나'라는 것이 영적인 존재라는 것은 흔들리지 않는 진실이다. 따라서 "우리는 나무랄 데 없는 전체이고 강인하며 사랑과 조화로 가득한 행복 자체다."라고 하는 긍정적인 사고는 과학적으로 정확한 것이다.

13. 사고는 영적인 활동이며 정신은 창조적이다. 따라서 특정 사고를 마음속에서 지속해서 품고 있다면 필연적으로 그 사고와 조화를 이루는 상태를 창출할 수밖에 없다.

14. 당신이 부를 원한다면 당신 속의 '나' 가 전능의 근원 물질인 우주정신과 하나라는 것을 인정하길 바란다. 그러면 인력의 법칙이 작용해 당신의 긍정적 사고의 강도에 따라 힘과 풍요를 창출하여 성공을 뒷받침해주는 힘과 동조하게 될 것이다.

15. 시각화는 당신이 바라는 것을 결합하는 방법이다. 그것은 보는 것과는 완전히 다른 과정이다. 보는 것은 물리적이고 객관적인 '외적 세계' 와 연관돼 있다. 반면에 시각화는 상상의 산물이며 주관적인 '내면적 세계' 의 산물이다. 게다가 생명력을 지니고 있어 성장한다. 연상한 것은 형태로 드러난다. 이 방법은 완벽하다. 그것은 "무슨 일이든 쉽게 처리하는." 숙련된 건축가에 의해 창조된다. 아쉽게도 조작을 하는 사람이 미숙하거나 무능할 수도 있지만 훈련과 결단력에 의해 이런 결점은 극복할 수 있다.

16. 만약 사랑을 필요로 한다면 사랑을 얻을 유일한 수단이 사랑을 주는 것이라는 것을 이해하기 바란다. 주면 줄수록 받을 수 있다는 것, 사랑을 나누는 유일한 방법은 자석처럼 타인을 끌어당길 수 있

을 때까지 스스로 사랑으로 가득해야 한다는 것을 이해하기 바란다. 그 방법에 관해서는 다시 설명하기로 하자.

17. 가장 위대한 영적 진실, 소위 말하는 인생의 사소한 일에 적용하는 기술을 배운 사람은 자신의 문제를 해결할 비결을 발견한 사람이다. 위대한 인물과 자연의 풍경, 아이디어, 사건과 접하게 되면 모든 사람은 반드시 기운을 내며 생각이 깊어진다. 링컨은 자신에게 접근하는 모든 사람에게서 위대한 산 앞에 섰을 때처럼 경외감을 느낀다고 한다. 이런 감각은 사람이 영원한 것, 즉 진실의 힘을 접했을 때 가장 강하게 느낄 수 있다.

18. 이런 원리를 실제로 시험해본 경험이 있는 사람(자신의 인생을 증명한 사람)의 이야기를 들어보면 영감을 느낄 수 있다. 오늘 나는 앤드루스 씨에게서 한 통의 편지를 받았다. "친애하는 친구여, '노틸러스' 3월호에 내 체험에 대한 기사가 실려 있네. 원한다면 맘대로 인용해도 괜찮네."
그리고 다음과 같은 내용이 이어졌다.

19. 죽은 T. W. 마씨 의사는 내가 세 살 때 어머니에게 이렇게 말한 적이 있네.
"앤드루스 씨, 전혀 가망이 없습니다. 저도 모든 방법을 다 써 봤지

만 아들을 같은 병으로 잃고 말았습니다. 아들을 잃고 이 병에 대한 연구를 많이 해 왔지만, 아드님이 호전될 가망성은 전혀 없습니다."

20. 어머니는 박사에게 이렇게 말했다. "선생님, 혹시 저 아이가 선생님 아들이었다면 어떻게 하시겠어요?" 그리고 박사는 "숨이 붙어 있는 한 포기하지 않겠죠."라고 대답했다.

21. 그것이 파란만장한 싸움의 시작이었다. 의사들은 모두 입을 모아 가망이 없다고 했지만 최선을 다해 나를 격려하며 기운을 내라고 했다.

22. 결국 승리의 날이 찾아왔다. 어릴 적 팔다리가 불편했던 나는 네 발로 기어 다녔지만, 똑바로 서서 걸을 수 있는 건강한 어른으로 성장할 수 있었다.

23. 당신이 그 이유를 알고 싶어 한다는 것을 알고 있으니, 가능한 쉽게 가르쳐 주겠다.

24. 나는 내게 가장 필요한 성질들로 가득한 긍정적 암시를 만들어 내 반복적으로 되뇌었다. "나는 나무랄 데 없는 전체이고 강인하며 사랑과 조화로 가득한 행복 그 자체다." 나는 항상 이 긍정적 생각을

가슴에 새기고 있었다. 그러던 어느 날 한밤중에 눈을 떴을 때, 이 생각을 마음속으로 반복하고 있는 자신을 발견하게 됐다. 그것은 내가 잠들기 전에 내뱉은 마지막 말이자 아침에 일어나자마자 처음 하는 말이었다.

25. 나는 그것을 자신을 위해서만이 아니라 이 말을 필요로 하는 다른 사람들을 위해서도 주창했다. 바로 이 점을 강조하고 싶다. 당신이 자기 자신을 위해 바라는 것은 전부 타인을 위해서도 주창하는 것이다. 그러면 서로에게 은혜를 베풀어줄 것이다. 우리는 자신이 뿌린 씨앗의 작물을 수확한다. 사랑과 건강한 생각을 발산한다면 부메랑처럼 우리에게 되돌아온다. 하지만 공포, 근심, 질투, 분노, 증오와 같은 생각을 발산한다면 그 결과를 수확하게 될 것이다.

26. 인간은 7년마다 새롭게 태어난다고 한다. 그러나 현재 일부 과학자들은 이렇게 확신하고 있다. "우리는 두 달마다 다시 태어난다." 그러므로 우리의 실제 나이는 두 달에 불과하다. 해마다 결점을 고쳐 나간다면 자신은 물론 아무도 나를 책망하는 사람이 없을 것이다.

27. 인간은 자신이 생각한 것의 전부를 합친 것과 같다고 한다. 문제는 어떻게 하면 악을 버리고 선한 생각을 품을 수 있는가에 있다. 처

음에는 악한 생각을 막을 수 없지만 이런 생각을 조심할 수는 있다. 유일한 방법은 잊는 것, 다시 말해 다른 생각으로 바꾸는 것이다. 그럴 때 이미 자리 잡고 있는 긍정적 암시가 많은 도움이 된다.

28 분노, 질투, 공포, 걱정 등의 생각이 파고들게 되면 곧바로 긍정적인 말을 외쳐라. 어둠과 맞설 방법은 빛을 밝히는 것이다. 추위와 싸우기 위해서는 따뜻하게, 악을 극복하기 위해서는 선을 이용하면 된다. 내 경험으로 말하자면 부정 속에는 그 어떤 도움도 발견할 수 없었다. 선을 긍정하면 악은 사라지게 된다.
—프레드릭 엘리어스 앤드루스 1917년 3월 7일

29 혹시 필요하다면 이 편지의 암시를 이용하면 좋을 것이다. 더 이상 손을 댈 필요 없이 그대로 쓸 수 있다. 묵묵히 내면을 향해 잠재의식 속에 물들이는 것이다. 그러면 전철, 사무실, 집 안 어디서라도 활용할 수 있다. 그것이 영적 방법의 장점인 것이다. 정신은 어디든 퍼져 있으며 늘 준비가 된 상태이다. 필요한 것은 전능함을 올바르게 인식하고 그 은혜를 받아들이기 위해 마음속으로 바라기만 하면 된다.

30 우리의 마음가짐이 힘, 용기, 친절, 공감과 같은 것으로 채색된다면, 환경이 이런 생각에 대응하는 상태를 투영하고 있다는 것을

깨달을 것이다. 만약 마음이 부정적이고 비판적이라 강한 질투심에 파괴적이라면 환경이 그런 생각에 대응하는 상태를 투영하게 된다.

31 사고는 원인, 상태는 결과이다. 여기에 선악의 근원에 대한 설명이 있다. 사고는 창조적이며 자동적으로 그 대상과 관계를 맺고 있다. 이것이 우주의 법칙, 인력의 법칙, 원인과 결과의 법칙이다. 이 법칙의 인지와 적용이 시작과 끝을 결정한다. 이 법칙에 이끌려 모든 시대의 인간이 기도의 힘을 믿게 된 것이다. 성경에서는 그것을 "믿어라, 이루어질 것이다."라고 간결하게 표현하고 있다.

32 이번 주는 식물을 떠올려 보자. 당신이 가장 좋아하는 꽃 하나를 골라, 그것이 씨앗에서 꽃을 피울 때까지를 연상하라. 먼저 작은 씨앗을 뿌리고 물을 주며 돌봐 주자. 아침 햇살이 잘 드는 곳에 씨앗을 심는 것이 좋을 것이다. 싹이 트는 것을 보라. 이제 그것은 생명을 가진 생명체이다. 생존 수단을 찾기 시작하고 있다. 땅속에 깊이 내린 뿌리를 보라. 사방으로 뿌리를 뻗고 있다. 그것은 끊임없이 분열을 하는 세포이며 곧 수백만이라는 수에 달하리라는 것과 각 세포가 지성을 가지고 스스로 무엇을 원하며 어떻게 하면 좋을지를 알고 있다는 것을 연상하라. 싹이 대지를 뚫고 하늘로 곧장 뻗은 모습을 보라. 가지를 뻗으며 잔가지로 나뉘는 것을 보라. 각각의 가지 끝에 봉우리가 맺히는 것을 보라. 이윽고 봉우리가 개화하기 시작해 당신

이 좋아하는 꽃이 피어오른다. 언젠가 집중만 하면 꽃향기도 맡을 수 있을 것이다. 당신이 연상한 아름다운 창조물이 부드러운 바람에 흔들리며 은은한 향기를 내뿜고 있다.

🌿 이미지를 선명하고 완벽하게 연상할 수 있게 됐다면 당신은 대상의 핵심에 들어갈 수 있게 된다. 대상을 있는 그대로 바라볼 수 있게 됐기 때문이다. 당신은 집중하는 방법을 배우고 있는 것이다. 집중하는 대상이 건강, 좋아하는 꽃, 이상, 복잡한 사업 기획, 그 밖의 모든 인생의 문제, 그 어떤 것이라도 이 과정과 마찬가지이다.

🌿 모든 성공은 바라는 대상에 인내심을 가지고 집중함으로써 이루어졌다.

사고는 인생을 의미한다. 왜냐하면, 생각하지 않는 사람은 참된 의미의 삶을 살고 있지 않기 때문이다. 사고가 인간을 만드는 것이다. -A. B. 올컷

태양뇌를 자극하는 호흡법

다음 훈련은 태양뇌를 자극하는 것으로 수많은 사람이 이 훈련으로 풍성한 목소리로 대화하거나 노래를 부를 때 새로운 음색이 나타나는 것이 이미 밝혀진 사실이다. 연습할 때는 태양뇌에 자신을 인도해 줄 상념과 함께 자극해준다.

1. 코로 충분히 숨을 들이마신다.
2. 무리하지 않고 기관차처럼 단숨에 입으로 '뿌우~'하고 숨을 내뱉는다. 이 동작으로 활력과 기운을 얼마간 발산한다.
3. 이 호흡을 여러 차례 반복하기 바란다. 그러나 피로를 느끼지 않도록 한다. 또한, 너무 심한 연습은 삼가기 바란다.

기분을 상쾌하게 해주고 활성해주는 호흡법

이 훈련을 하는 데 있어 태양뇌에 자신을 인도할 상념과 함께 자극한다면 모든 것이 활성화되어 훌륭한 결과를 얻을 수 있게 된다. 그것은 찬물에 뛰어든 뒤에 수건으로 마찰을 시켰을 때처럼 신체를 자극하고 활성화하는 것이 된다.

1. 코로 충분히 숨을 들이마신다.
2. 입으로 숨을 내뱉는다. 나팔을 불 때처럼 입술을 모아 강하게 내뱉는다.
3. 이 호흡을 여러 차례 반복한다. 그러나 피로를 느낄 만큼 지나치거나 무리를 해서 안 된다.

제10주
사고는 우주와 개인을
이어주는 연결고리

이 장에서 소개하는 사고를 철저하게 이해한다면 무슨 일이든 명확한 원인 없이 일어나지 않는다는 것을 깨닫게 될 것이다. 그러면 정확한 지식에 따라 계획을 세울 수 있을 것이다. 그리고 적절한 원인이 되는 사고를 작동해 어떤 상황이라도 제어하는 방법을 깨닫게 될 것이다. 바라던 결과를 얻게 된다면 그 이유를 정확히 깨닫게 되는 것이다.

원인과 결과의 명확한 지식이 없는 일반 사람은 기분과 감정의 지배를 받는다. 그런 사람은 오로지 자신의 행위를 정당화시키기 위해 생각한다. 비즈니스맨으로서 실패하면 운이 없다, 음악을 싫어하면 음악은 돈이 드는 호사라고 말한다. 사무직으로 성공하지 못하면, 영업직이었다면 성공할 수 있었을 것이라 변명한다. 친구가 없으면 개성이 너무 강해서 그렇다고 변명한다.

그런 사람들은 문제를 철저하게 생각하지 않는다. 다시 말해 모든 결과가 특정의 명확한 원인에 의해 발생한 것이라는 것을 모르는 것이다. 대신에 핑계나 변명으로 자신을 위로하려고 한다. 자신을 방어하는 일밖에 생각하지 않는다.

역으로 합당한 이유 없이 모든 결과가 없다고 이해하고 있는 사람은 사심 없이 생각한다. 결과와 상관없이 근본적인 사실에만 파고든다. 그런 사람은 무슨 일이든지 사실을 있는 그대로 바라본다. 문제를 빈틈없이 바라보고 필요조건을 완전히 충족시키는 것이다. 그러면 세상은 우정, 명예, 사랑으로 인정해 줄 것이다.

사고는 우주와 개인을 이어주는 연결고리

／풍요는 우주의 자연스러운 법칙이다. 이 법칙에 대한 증거는 너무나도 뚜렷하다. 사방팔방 어디를 둘러보아도 쉽게 찾을 수 있다. 자연은 어디서든 아낌없이 베풀어 주고 있다. 모든 피조물은 절약할 필요가 없다. 무수히 많은 나무와 꽃들, 동물들이 재생산되는 과정이 끊임없이 반복되는 어마어마한 구조로, 모든 것에서 자연의 은혜를 엿볼 수 있다. 자연이 모든 사람에게 골고루 퍼질 수 있을 만큼 풍요롭다는 것은 확실하지만, 대부분 사람이 그 풍요로움의 혜택을 누리지 못하는 것도 사실이다. 그들은 근원적 물질의 보편성을 인식하지 못하는 것이다. 마음이 우리를 바라는 것과 이어준다는 능동적 원리라는 것도 모르고 있다.

／모든 부는 힘에 의해 만들어진다. 재산은 힘이 가해질 때에만 가

치가 있다. 사건은 힘에 영향을 끼칠 때에만 중요한 것이다. 만물은 힘의 특정 형태와 정도를 나타낸다.

_8_ 전기, 화학적 친화성, 중력을 지배하는 법칙에 의해 드러난 원인과 결과의 지식은 대담하게 계획하고 주저함 없이 실행으로 옮길 수 있게 해준다. 이것들을 자연의 법칙이라 한다. 왜냐하면, 물리적 세계를 관장하고 있기 때문이다. 그러나 모든 힘이 물리적이라고 단정할 수는 없다. 정신적 힘도 있으며 도덕적이고 영적인 힘도 있기 때문이다.

_4_ 영적 힘이 뛰어난 것은 더 높은 차원에 존재하기 때문이다. 인간은 영적 힘 덕분에 이 멋진 자연의 힘을 수천 명분의 일을 처리하기 위해 활용할 수 있는 방법을 발견할 수 있었던 것이다. 그것은 시간과 공간을 소모해 중력의 법칙을 극복하는 법칙의 발견으로 이어진다. 이 법칙의 작용은 헨리 드러먼드(1851~1897. 에딘버러 대학 교수. 자연과학과 종교에 관심이 많았다)의 말처럼 생명과의 접촉에 좌우된다.

_5_ "우리가 알고 있는 물질세계에는 유기적인 것과 무기적인 것이 존재한다. 광물세계에서의 무기질은 완벽하게 동식물의 세계와는 구분돼 있다. 유기물과 무기물을 이어주는 통로는 연금술과 마찬가지로 봉쇄되어져 있다. 이것들의 경계는 아직 한 번도 벗어난 적이

없다. 어떤 물질의 변화나 환경의 수정도, 화학도, 전기도, 어떤 형태의 에너지와 진화라 할지라도 광물 세계의 원자에 생명을 불어넣을 수는 없다.

　⑹ "이 죽은 원자에 생명이라는 특징을 부여할 수 있는 것은, 그 죽음의 세계에 뭔가 생명체를 불어넣는 방법밖에 없다. 생명과의 그런 접촉이 없다면 그것은 영원히 무기적 영역에 머물게 된다. 생물 발생의 원칙(생명은 생명에서만 탄생한다)만이 승리한다고 헉슬리는 말했다. 그리고 틴들은 이렇게 밖에 말할 수 없었다. 〈오늘의 생명이 과거의 생명과 전혀 관계없이 출현했다는 것을 증명할 만한 신뢰할 수 있는 증거는 어디에도 없다고 확신한다.〉"

　⑺ "물리의 법칙은 무기물을 설명할 수 있을지는 모르겠다. 생물학은 유기물의 발달을 설명할 수 있을지도 모르겠다. 그러나 무기물과 유기물의 접점에 관해 과학은 침묵하고 있다. 자연계와 영적 세계 사이에는 마찬가지 통로가 존재하고 있다. 이 자연으로 가는 통로의 문이 완전히 닫혀 있다. 길이 봉쇄된 것이다. 아무도 그것을 열수 없다. 유기적 변화, 정신적 힘, 도덕적 노력, 그 어떤 진화라 할지라도 인간을 영적 세계로 끌어들일 수는 없다."

　⑻ 그러나 식물이 광물세계에 깊숙이 뿌리를 내리고 생명의 신비와

접촉하듯이, 우주정신은 인간의 마음 깊숙이 뿌리를 내리고 경이적이라고 부를 만한 불가사의하면서도 대단한 성질을 부여한다. 산업계와 무역, 혹은 예술의 세계에서 성공한 사람들은 이런 구조의 은혜 덕분에 성공을 거두어 온 것이다.

9. 사고는 무한한 것과 유한한 것, 우주와 인간을 이어주는 연결고리이다. 유기적인 것과 무기적인 것 사이에는 넘을 수 없는 장벽이 있다는 것과, 물질이 개화할 수 있는 단 하나의 방법은 생명을 불어넣는 것뿐이라는 걸 우리는 보아서 알고 있다. 씨앗이 광물의 세계에서 발아하기 시작하면 죽은 물체가 다시 살아나 수천의 눈에 보이지 않는 손가락이 새로 탄생한 것에 맞는 환경을 짜내기 시작한다. 성장의 법칙이 작동하면 백합이 피어날 때까지 이 과정이 지속된다. "최고의 영화를 누리던 솔로몬조차 이 꽃 하나만큼도 꾸미지 못했다."와 같다.

10. 사고는 만물을 만들어 내는 우주정신의 눈에 보이지 않는 근원 물질 속에서 안정을 찾게 된다. 그것이 뿌리를 뻗으면 성장의 법칙이 작동해 우리의 환경으로 드러나는 것이다.

11. 사고는 역동적인 에너지의 능동적이고 생생한 형태이다. 그 에너지는 사고의 대상을 눈에 보이지 않는 세계에서 눈에 보이는 객관

적 세계로 끌어낸다. 그것이 만물이 탄생하게 되는 법칙이다. 그것이 당신을 비밀의 왕좌로 인도해 '만물의 통치권을 부여하는' 성공 열쇠인 것이다. 이 법칙을 이해한다면 당신은 '법령을 정하고 시행' 할 수 있게 된다.

_℠_ 너무나 당연한 이치다. 만약 우리가 알고 있는 우주의 영혼이 보편적인 정신에 불과하다면 우주는 보편적인 정신이 스스로를 위해 만들어 낸 상태에 지나지 않는다. 우리는 개인화된 정신에 불과하며 완전히 똑같은 방법으로 성장하기 위한 상태를 만들어 낸다.

_℠_ 이런 창조의 힘을 발휘하기 위해서는 정신적인 것과 마음의 잠재력을 인식해야만 한다. 창조를 진화와 혼동해서는 안 된다. 창조란 객관적 세계에 존재하지 않는 것을 존재하게 해준다. 진화란 이미 존재하고 있는 것에 포함돼 있는 잠재성이 꽃피운 것에 지나지 않는다.

_℠_ 단, 우리에게 펼쳐져 있는 이 멋진 가능성을 꽃피울 수 있는 것은 우리 자신이 아니라는 것만 염두에 두자. 위대한 스승은 이렇게 말했다. "위업을 달성한 것은 내가 아니다. 내 속에 함께하시는 아버지인 것이다." 우리도 이와 같은 마음가짐을 가져야 한다. 우리는 잠재의식의 개화에 전혀 손을 댈 수 없으며 그저 그 법칙에 따라야 한

다. 그러면 만물을 창출해내는 마음이 결과를 가져다준다.

_15._ 무한 에너지는 그 지성을 통해서 특정한 목적 없이도 결과를 창출해 낼 수 있다. 그 지성을 인간이 창출해 내야 한다고 생각하는 것이 중대한 과실이다. 그 씨앗은 전혀 필요가 없다. 필요한 것은 얻기 위해서는 우주정신에 바라면 그만이다. 그리고 우리는 완벽한 이상형을 연상하기만 하면 된다.

_16._ 우리는 전기를 지배하는 법칙을 이해한 덕분에 아주 편리한 생활을 영위하며 수많은 혜택을 누리고 있다. 온갖 메시지가 세상을 돌아다니고 있고, 무거운 기계들이 그 명령을 실행에 옮기며, 전기가 거의 전 세계를 밝혀 주고 있다는 사실을 우리는 잘 알고 있다. 하지만 의식적으로, 혹은 무의식중에 그 법칙을 무시하고 제대로 절연돼 있지 않은 전선을 만졌다가는 불행하게도 엄청난 참사를 일으킬 수 있다는 사실도 알고 있다. 눈에 보이지 않는 세계를 지배하는 법칙을 제대로 이해하지 못한다면 이런 결과를 초래할 수 있다. 많은 사람이 언제나 결과 때문에 고통을 받고 있기 때문이다.

_17._ 인과의 법칙은 원인과 결과라는 자석의 양극처럼 상호작용에 의해 성립되기 때문에 두 극 사이에 회로를 형성할 필요가 있다는 것이 역설되어 왔다. 우리가 그 법칙과 조화를 이루며 일하지 않는 한

그 회로는 형성될 수 없다. 그 법칙이 어떤 것인지 모른 채 어떻게 조화를 이룰 수 있겠는가? 그 법칙이 어떤 것인가를 알기 위해서는 연구와 관찰에 의지할 수밖에 없다.

18. 그 법칙의 작용은 모든 곳에서 볼 수 있다. 자연의 모든 것이 끊임없이 묵묵히 성장함으로써, 그 법칙이 작용하고 있다는 것을 증명하고 있다. 성장이 있는 곳에 반드시 생명이 있다. 생명이 있는 곳에는 반드시 조화가 있다. 게다가 생명이 있는 모든 것은 스스로 완벽하게 표현하기 위해 필요한 상태와 대상을 끊임없이 끌어들이고 있는 것이다.

19. 당신의 사고가 자연의 창조원리와 조화를 이루고 있다면 무한한 마음에 동조해서 회로를 형성하기 때문에 공회전하는 일은 절대 없다. 그러나 무한한 마음과 동조하지 않는 생각을 품을 수도 있다. 그럴 경우 회로는 형성되지 않는다. 그 결과는 어떻게 될까? 발전기가 전기를 일으키고 있을 때, 회로가 끊긴다면 어떻게 될까? 발전기는 멈춰 버리고 만다.

20. 만약 당신이 무한의 마음과 동조하는 생각을 품지 않아 원인과 결과 사이에 회로가 이어져 있지 않다면 발전기와 똑같은 상태가 돼 고립되고 만다. 그 생각은 당신을 곤란하게 만들고, 걱정하게 하여

결국 병이 들어 죽음을 맞이하게 될 수도 있다. 의사는 반드시 이렇게 진단을 내리지 않을 수도 있다. 온갖 병들을 위해 만들어진 그럴 듯한 이름으로 부를 수도 있다. 그 모든 병은 잘못된 사고의 결과이지만 원인은 똑같다.

21. 건설적인 사고는 창조적이지만, 창조적인 사고는 조화를 이루지 않으면 안 되며 모든 파괴적이고 경쟁적 사고를 배척한다.

22. 지혜, 강인함, 용기처럼 조화를 이룬 상태는 힘의 결과이다. 모든 힘이 내면에서 온다는 것은 이미 배웠다. 마찬가지로 모든 결핍, 제한, 역경은 약한 힘의 결과이다. 나약한 힘으로는 채워지지 않는다. 그것은 무엇으로도 메울 수 없는 제로 상태이다. 따라서 치료방법은 힘을 키우는 것이다. 힘은 훈련으로 키울 수 있다.

23. 이번 주 훈련은 지금까지 배운 지식을 응용하는 것이다. 풍요는 하늘에서 내려와 당신 무릎에 떨어지지 않는다. 인력의 법칙을 의식적으로 자각해 확실하고 명확한 목적을 위해 그것을 작동시키고 싶다고 생각하고 그 목적을 실행하겠다고 결의함으로써, 당신의 바람은 자연의 이동법칙에 의해 물질화되는 것이다. 만약 당신이 사업을 한다면 판로를 확대하고 발전시킬 것이다. 지금까지와 다른 새로운 유통경로를 찾을 수도 있다. 법칙이 충분히 작용하기 시작한다면 당

신이 바라는 것들이 당신을 원하고 있다는 것을 깨닫게 될 것이다.

24 이번 주는 평소에 당신이 앉아 있는 곳에서 보이는 벽의 빈 공간이나 그 밖에 적당한 장소를 골라 마음속으로 그곳에 15cm정도의 검은 가로선을 그려라. 그리고 그 선이 실제로 벽에 그려진 것처럼 확실하게 보일 수 있도록 노력하라. 다음으로 가로선의 양끝에서 같은 방향을 향해 같은 길이의 수직선 두 개를 마음속으로 그려라. 그리고 또 한 개의 가로선으로 수직선의 끝과 끝을 연결한다. 완벽하게 연상을 했다면 정사각형으로 보일 것이다. 이 정사각형이 완벽하게 보일 때까지 꾸준히 노력해라. 이것이 가능해 졌다면 사각형 안에 하나의 원을 그려라. 그리고 그 원 한가운데 점을 찍고 25cm정도 당신에게 끌어당겨라. 정사각형을 바탕으로 한 원뿔이 생길 것이다. 그 윤곽이 검은 색이라는 것을 잊지 말자. 그것을 흰색, 빨간 색, 노란 색으로 바꾸어 보라.

25 이것이 가능해진다면 당신은 훌륭하게 발전을 하고 있는 것이다. 얼마 되지 않아 마음에 떠오른 모든 문제에 집중할 수 있을 것이다.

목표와 목적을 확실하게 마음속으로 유지할 수 있게 된다면, 그것을 연상해서 손으로 잡고 눈으로 보이는 형태를 취할 수 있게 되는 것은 시간의 문제이다.
−릴이언 파이팅

제11주
귀납적 추리와 객관적인 마음

제11주

*

당신의 인생은 법칙(실제로 존재하는 불변의 원리)의 지배를 받고 있다. 법칙은 모든 장소에서 항상 작용하고 있다. 흔들림 없는 법칙이 모든 인간의 행위의 내면에 뿌리 깊게 깔렸다. 따라서 거대 기업을 좌지우지하는 사람들은, 어떤 사람들이 자사제품에 반응하는지를 놀랄 만큼 정확하게 예측하고 있다.

그러나 모든 결과는 원인의 결과이며 그 결과가 원인으로 다른 결과를 만들어 내고, 그것이 다시 다른 원인을 만들어 낸다. 따라서 인력의 법칙을 작용시킬 때 좋은 방법이든 나쁜 방법으로든 무한의 가능성을 지니고 있는 인과라는 열차를 출발시키려 하고 있다는 것을 염두에 둘 필요가 있다.

이런 이야기를 자주 듣는다. "지금 너무 힘든 상황입니다. 제 생각이 틀렸다고 생각하지는 않습니다. 이런 결과를 초래할 만한 생각은 품은 적이 없으니까요." 마음의 세계에서는 닮은 것을 끌어들인다는 것을 잘 모르고 있다. 우리가 품고 있는 생각은 특별한 우정과 관계를 맺게 해주며 그것이 온갖 상태와 환경을 만들어 낸다. 그리고 우리는 가끔 그 상태에 불만을 토로하기도 한다.

귀납적 추리와 객관적인 마음

   / 귀납적 추리는 우리가 많은 개개의 예를 비교해서 모든 것을 창출해내는 공통 인자를 이끌어 내는 정신적 과정이다.

   ∂ 귀납법은 모든 사실을 비교함으로써 이루어진다. 획기적인 인류의 진보를 기록한 법칙의 발견으로 인도해 준 것은 자연을 연구하는 이 방법이다.

   ℬ 그것은 미신과 지성을 나누는 경계선이며 인간의 생활에서 불확실성과 변덕스러움을 배제하고 법칙, 이성, 확실성으로 바꿔 나간다.

4 그것은 지금까지의 레슨에서 말해 온 '문지기'인 것이다.

5 우리가 귀납적 추리에 의해 오감으로 익숙해져 있던 세계는 근본적으로 바뀌고 있다. 육안으로는 태양이 지구 주위를 돌고 있는 것처럼 보이지만, 실제로는 지구가 태양의 주위를 돌고 있다. 언뜻 보기에 평평해 보이는 지구가 둥글다는 것도 이미 밝혀졌으며, 움직이지 않는 것처럼 보이는 물질도 활발한 움직임으로 바뀔 수 있다는 것이 판명됐다. 더 나아가 망원경과 현미경을 들이대는 곳마다 우주는 힘과 움직임과 생명으로 넘치는 모습을 보여주고 있다. 그렇다면 인체와 사회, 우주와 같은 조직은 어떻게 해서 그 질서를 유지하고 있는 것일까?

6 같은 극과 힘은 서로 반발한다. 별과 인간과 힘이 적절한 거리를 유지하고 있는 것도 반발력 때문이라고 해도 좋을 것이다. 반면에 가치관이 다른 사람끼리 서로 어울리듯이 반대 극은 서로 끌어당긴다. 일반적인 교환에서는 나머지 분을 수요로 돌리는 것이다.

7 어느 특정 색깔을 한동안 바라본 뒤에 흰 종이를 바라보면 보색의 잔상이 나타나는 것처럼 폭넓은 의미에서의 욕구와 바람도 행동을 유발하고 인도하며 결정한다.

8 이 원리를 의식하고 그에 따르고 행동하는 것은 우리의 특권이다. 퀴비에(1769~1877. 프랑스의 박물학자.)는 멸종 동물의 이빨 하나를 발견했다. 이 이빨은 그 기능을 다하기 위해 육체를 필요로 한다. 그것이 어떤 육체를 필요로 하는가가 명백해짐에 따라 그 동물의 윤곽을 정확히 재구성할 수 있었다.

9 천왕성의 움직임에는 섭동(케플러의 법칙에서 벗어난 움직임)이 관측됐다. 르베리에(1811~1877. 프랑스의 수학자, 천문학자.)는 그 차이를 계산해 새로운 행성의 존재를 예언한 뒤 해왕성을 발견했다.

10 동물의 본능적 욕구, 퀴비에의 지적 욕구, 르베리에의 자연에 대한 마음과 욕구가 닮아 있으므로 비슷한 결과를 얻을 수 있었다. 이곳에서 존재에 관해 생각하면 저편에 존재가 있다. 법칙을 따른 분명한 욕구는 더 복잡한 자연의 작용을 탄생시키는 원인이 되는 것이다.

11 우리는 오감을 확대하는 정밀한 관측기기에 의해 자연을 관찰하고 면밀한 데이터를 수집해 왔다. 그럼으로써 외부세계와의 친밀하고 깊은 접촉을 의식할 수 있게 된 것이다. 우리의 욕구와 목적은 이 광활한 조직의 원만한 움직임과 일치하게 된다.

12. 개인의 이익을 지키고 싶다면 자신만의 힘에만 의지하지 말고 국가권력의 힘을 빌려야 한다. 마찬가지로 자연이라는 공화국의 시민으로서 살아가는 우리가 속국의 위협에서 스스로를 지키고자 한다면 강한 권력과 동맹 관계를 맺는 것이 제일이다.

13. 만약 플라톤이 사진가의 도움을 빌어 사진을 볼 수 있었다면, 혹은 귀납법에 의해 인간이 행하는 것과 비슷한 예를 많이 목격했더라면, 자신의 스승인 소크라테스의 지적 창조술을 떠올렸을 것이다. 그리고 모든 수작업과 기계적인 일, 단순 반복 작업은 자연의 힘에 맡기고 의지의 힘으로 욕구를 자유롭게 충족시키고 추구하면 얻을 수 있는 세상을 연상했을 수 있을 것이다.

14. 그 세상이 아무리 멀리 있는 것처럼 보이더라도, 귀납법은 그 세상을 향해 내딛는 첫 발이라는 것을 인간들에게 가르치고 있다. 그리고 모든 은혜를 베풀어 주었다.

15. 귀납법은 또한, 집중력과 능력을 강화시키는 도움도 돼, 우주적 문제뿐만이 아니라 개인적인 문제에 관해서도 틀림없는 해결책을 제시해 줄 것이다.

16. 여기 한 가지 방법이 있다. 그 핵심은 무언가 이루고자 한다면

그것이 이미 달성됐다고 믿는 것이다. 그것은 플라톤이 현실이란 이념의 복사판이라고 제창으로 인해 전수된 방법이다.

　↗ 이 생각은 상응의 법칙(언뜻 연관성이 없어 보이는 것이 눈에 보이지 않는 차원에서 이어져 있다는 생각) 속에서 스베덴보리(1688~1772. 스웨덴의 과학자, 신비사상가)가 자세히 밝히고 있었으며 예수는 이렇게 말했다. "무엇이든 기도하고 구하는 것은 받은 줄로 믿으라. 그리하면 너희에게 그대로 되리라."(마르코 복음서 11장 24절) 이 구절의 시제 차이는 너무나 확실하다.

　↗ 먼저 자신이 바라는 것을 이미 달성했다고 믿지 않으면 안 되는 것이다. 실제로 달성은 그 뒤에 이어지는 것이다. 그것이 우주정신에 우리가 바라던 것이 이루어졌다고 기정사실로 각인함으로써 사고의 창조적 힘을 작동시키게 되는 간단한 방법인 것이다.

　↗ 이렇게 우리는 절대적 차원으로 생각하고 상태와 한계에 대한 배려를 모두 벗어 던지고 씨앗을 뿌리는 것이다. 그러면 아무런 방해도 받지 않고 내버려둔 씨앗은 이윽고 싹이 트고 결실을 맺을 것이다.

　20. 복습을 한 번 하기로 하자. 귀납적 추리는 객관적 정신의 과정

이다. 우리는 그로 인해 수많은 개별적 예를 비교하고 그 모든 것을 창출해내는 공통요소를 발견해 낸다. 지구상의 모든 문명국가에 살고 있는 사람들은 스스로 이해를 하지 못하고 있는 어떤 과정을 통해 결과를 얻으며 생각지도 못했던 행운이 찾아들면 기적이라거나 신비롭다고 한다. 이런 결과가 달성되는 법칙을 확인하기 위해 우리에게 이성이 주어진 것이다.

21. 예를 들어 자연 속에서 작용하는 사고과정에 관해 생각해 보기로 하자. 자연은 항상 바르게 행동하므로 양심과 싸우는 일이 없다. 임기응변으로 대처하는 방법밖에 모른다. 자연은 무슨 일이든 끝없이 배우며 시작한 일은 무엇이든 척척 해낸다. 자기 자신과 끝없이 조화를 이루며 살고 있으며 자신이 한 일에 관해 반성하지 않으며 곤란과 고통도 느끼지 않는다.

22. 말하자면 이 사고의 산물은 신의 선물인데 그것을 이해하고 감사하고 있는 사람은 거의 없다. 적절한 상태에서의 마음이 소유하는 이 경이로운 힘과 그 힘을 모든 인간의 문제를 해결하기 위해 활용할 수 있다는 사실을 인식하는 것이 매우 중요하다.

23. 현대 과학의 용어로 말하든 옛날 말로 말하든 진실은 똑같다. 진실은 완벽하기 때문에 한 인간의 말로 그 모든 것을 다 논할 수는

없는 것이다.

24. 변화, 강조, 새로운 말, 새로운 해석, 색다른 관점과 같은 것은 일부 사람들이 생각하고 있는 것처럼 진실에서 이탈하려는 징후가 아니다. 역으로 진실이 인간의 욕구와 새로운 관계 속에서 폭 넓게 이해되고 있다는 증거인 것이다.

25. 진실은 각 세대의 모든 사람에게 새로운 말로 전달돼야 한다. 예수는 이렇게 말했다. "받은 줄로 믿으라. 그리하면 너희에게 그대로 되리라." 그러자 바오로가 말했다. "믿음은 바라는 것들의 실상이요, 보지 못하는 것들의 증거다." 현대 과학은 말한다. "인력의 법칙이란 사고가 그 대상과 관계를 맺는 법칙이다." 위의 말들을 분석해 보면 완전히 똑같은 진실을 내포하고 있다는 것을 알 수 있다. 이 셋의 차이라고는 표현방법뿐이다.

26. 우리는 새로운 세기로 접어드는 입구에 서 있다. 인간이 인생의 달인이 되는 비밀을 배울 때가 온 것이다. 새로운 사회질서의 길이 열리고 있다. 지금까지 꿈꿔 왔던 그 어떤 것보다도 멋진 길이다. 현대과학과 신학의 충돌, 종교 간의 비교연구, 새로운 사회 운동의 막대한 에너지, 이 모든 것이 새로운 질서의 길을 열려고 하고 있다. 그것들은 시대에 뒤쳐져 힘을 잃고 시들어 버리는 전통을 파괴해 버

릴지도 모르지만 가치 있는 것이라면 절대로 사라지지 않는다.

27. 새로운 신앙이 탄생했다. 그것은 새로운 질서를 필요로 하는 신앙으로 세계 곳곳에서 볼 수 있는 지금의 영적 활동 속에 드러나고 있는 힘의 의식 속에서 모습을 드러내기 시작했다.

28. 광물 속에서 자고, 채소 속에서 호흡하고, 동물 속에서 꿈틀거리고, 인간 속에서 최고로 발달하는 정신은 우주의식이다. 우리는 자신에게 주어진 통치권을 이해하고 존재와 행위, 이론과 실천 사이에 다리를 놓아야 한다.

29. 지금까지 역사에서 가장 위대한 발견은 두말할 나위 없이 사고의 힘이다. 이 발견의 중요성이 일반인들의 의식에 도달할 때까지는 조금 시간이 필요하지만, 이미 도달돼 모든 연구 분야에서 그 발견의 중요성이 증명되기 시작했다.

30. 내게 사고의 창조적 힘의 본질이 무엇이냐고 물을 수도 있다. 그것은 아이디어를 만들어 내는 것이다. 아이디어는 물질과 힘을 분별해 관찰하고, 조사하고, 분석하고, 조합함으로써 스스로를 구체화시킨다. 지성을 가진 창조적 힘만이 가능한 일이다.

31 사고는 스스로의 신비적 깊이에 파고들면 더욱더 고귀한 활동에 이르게 된다. 그것이 좁은 자기 경계를 돌파하고 현재와 과거와 미래에 존재하는 모든 것이 하나의 장대한 화음을 이루는 영원한 빛의 영역에 도달하면 더욱더 고상한 활동을 하는 것이다.

32 이 명상 과정을 통해 영감이 떠오르게 된다. 영감은 창조적 지성이자 자연의 모든 요소, 힘이나 법칙보다 훨씬 뛰어나다. 왜냐하면, 그것들을 이해하고, 수정하고, 지배하고, 자신의 목적에 따라 응용할 수 있기 때문이다.

33 지혜는 이성이 깨어나면서 시작된다. 이성이란 사물의 참된 의미를 파악하는 힘이다. 따라서 지혜란 이성의 빛에 의해 비친 깊이 있는 지식이라 할 수 있다. 그런 지혜는 사람을 겸손으로 인도한다. 왜냐하면, 겸손은 지혜의 커다란 부분을 차지하고 있기 때문이다.

34 언뜻 불가능해 보이는 일을 달성한 사람, 인생의 꿈을 실현한 사람, 자기 자신을 포함해 모든 사람을 바꾼 사람, 이런 사람들에 관해 누구나 잘 알고 있다. 급한 순간에 무의식적으로 발휘 되는 힘을 간단히 발휘할 수 있는 사람을 보고, 우리는 가끔 놀라지 않을 수 없다. 그러나 이제는 모든 것이 확실해졌다. 필요한 것은 특정의 명확한 기본원리와 그 올바른 적용방법을 이해하기만 하면 된다는 것을.

85 이번 주 훈련은 성경에서 인용한 "무엇이든 기도하고 구하는 것은 받은 줄로 믿으라. 그리하면 너희에게 그대로 되리라."라고 하는 말에 집중하는 것이다. '무엇이든' 이라는 말에서 알 수 있듯이 아무런 제한이 없다는 것에 주의하길 바란다. 제한이 있다면 그것은 우리의 생각하는 능력과 인내하는 능력의 한계일 것이다.

행복을 가져다주는 것은 부유함도 사치도 아니라 온화함과 일이다.
－토마스 제퍼슨

제12주
인력의 법칙

제12주

*

12주차 레슨을 시작하기로 하자. 아래 문장에 적힌 사고에 집중하기 바란다. 자신의 모든 주의를 그곳에 쏟아 부으면 각각의 문장이 의미하는 세상을 발견하고 그것들과 조화를 이루게 되는 또 다른 사고를 끌어들이게 될 것이다. 그리고 얼마 뒤 자신이 집중하고 있는 중요한 지식의 의미를 완전히 파악할 수 있게 될 것이다.

지식은 우리가 그것을 쓰지 않는다면 아무런 도움도 되지 않는다. 인생을 풍요롭게 하기 위해서는 지식을 제대로 활용하지 않으면 안 된다.

대부분 사람이 목적 없이 허비하고 있는 시간과 사고도 명확한 목적을 갖추고 올바르게 사용한다면 경이적인 성과를 얻을 수 있다. 그러기 위해서는 특정 사고에 주의를 집중해 다른 일체의 사고를 몰아낼 필요가 있다. 카메라 파인더를 들여다본 적이 있다면 대상에 초점이 맞지 않으면 상이 흐릿하고, 초점이 맞으면 선명하게 보인다는 것을 알고 있을 것이다. 이것은 집중하는 것의 위력을 증명해주고 있다. 어떤 이상을 품든 간에 그것에 집중하지 않는다면 흐릿한 상밖에 맺히지 않으며 그만큼의 결과밖에 얻지 못할 것이다.

인력의 법칙

／사고의 창조적 힘을 과학적으로 이해한다면 그 어떤 인생의 목적
이라도 달성할 수 있게 된다.

２생각하는 힘은 누구에게나 공통적으로 갖추고 있는 것이다. 인간
은 생각하기 때문에 인간인 것이다. 인간의 생각하는 힘은 무한하
다. 따라서 창조적 힘에는 한계가 없다.

３사고는 우리가 바라는 것을 창출해 내고 가까이 끌어들이는 힘을
가지고 있다. 그럼에도 불구하고 우리는 공포, 불안, 실망이라는 부
정적 요인들을 몰아내는데 고생하고 있다. 이런 것들 또한 강력한
사고의 힘이며 우리가 바라는 것을 끊임없이 멀어지게 한다. 때문에
우리는 흔히 앞으로 한 걸음 나갔다 두 걸음 뒤로 후퇴하는 것이다.

⁴ 후퇴하지 않기 위한 유일한 방법은 끝없이 전진하는 것이다. 그러기 위해서는 늘 경계심을 풀어서는 안 된다. 전진을 계속하기 위해서는 세 가지 단계가 있다. 이 세 단계 모두 없어서는 안 되는 것들이다. 첫째, 자신의 힘에 대한 지식을 가질 것. 둘째, 도전하는 용기를 가질 것. 셋째, 할 수 있다는 신념을 가질 것.

⁵ 이상의 3단계를 착실하게 거친다면 이상적인 기업, 이상적인 가정, 이상적인 친구, 이상적인 환경을 만들 수 있다. 재료와 비용에 제한은 없다. 사고는 전능하며 필요로 하는 모든 것을 수납하는 근원물질의 무한한 저장고를 이용하는 힘을 가지고 있다. 따라서 무궁무진한 자원을 당신이 마음먹은 대로 이용할 수 있다.

⁶ 그러나 이상은 선명하고 확실해야 한다. 오늘은 이 이상, 내일은 다른 이상, 다음 주는 또 다른 이상을 품고 있다면 자신의 힘이 분산될 뿐이라 아무것도 달성할 수 없다. 모든 결과가 다 무의미한 것이 되어 낭비된 소재들끼리 혼돈스럽게 조합될 뿐이다.

⁷ 불행하게도 많은 사람이 얻어내는 결과는 바로 혼돈이다. 원인은 명백하다. 만약 정을 때려 대리석 조각상을 만들고 있는 조각가가 15분마다 완성하고자 하는 조각상의 이미지를 바꾼다면 결과는 어떻게 될까? 모든 물질 중에서 가장 변화무쌍하면서도 가장 중요한

사고의 형태를 만들 때도 마찬가지인 것이다.

8 그런 우유부단하고 부정적인 사고의 결과가 물질적인 부의 손실 속에서 흔히 발견된다. 오랜 세월 고통스런 노력 끝에 얻은 부가 순식간에 사라져 버린다. 이 순간 돈과 재산이 아무런 의지도 되지 않는다는 것이 판명난다. 역으로 창조적인 사고의 힘에 관해 실용적인 지식을 몸에 익히고 있는 것이야말로 참된 재산이 되는 것이다.

9 자신이 가질 수 있는 유일하고 진정한 힘은 자기 자신을 불변의 신성한 원리와 맞추는 힘뿐이라는 것을 배울 때까지 그 실용적인 지식은 손에 넣을 수 없다. 당신은 무한한 것을 바꿀 수는 없지만 자연의 법칙을 이해할 수는 있다. 그것을 이해한다면 스스로 생각하는 능력을 전능한 우주의 사고에 맞춰 능력이 자신에게 있다는 것을 인식할 수 있게 된다. 그 전능의 신과 얼마나 협력할 수 있을지가 당신의 성공 가도를 결정해 준다.

10 사고의 힘은 다소 매력적인 모조품들을 많이 품고 있다. 그 결과는 도움이 되기보다 오히려 해가 된다.

11 물론 불안과 공포, 그 밖의 부정적 사고는 모두 그런 성격의 결과물을 창출해 낸다. 그런 사고의 씨앗을 품고 있는 사람들은 자신

이 뿌린 작물만을 거둬야 한다.

12. 심령술 모임에서 얻은 증거에 달려드는 초능력 현상을 좋아하는 사람들이 있다. 그들은 비판정신을 완전히 던져 버리고 초능력 세계에 완전히 빠져 버린다. 그것이 자신에게 부정과 수동적 성격을 심어 줘, 결국 생동감 있는 사고를 창출하는 데 있어 필요한 생명력을 빼앗아 버린다는 것을 이해할 수 있을 것이다.

13. 반면에 흔히 말하는 달인들이 만들어 내는 물질화 현상에 힘의 원천을 찾는 힌두의 수행자를 숭배하는 사람들도 있다. 그들은 의지가 사라지는 순간 곧바로 시들어 버려 그것들의 모습을 형성하고 있는 파동의 힘이 사라졌다는 것을 잊었거나 전혀 모르는 것 같다.

14. 텔레파시는 상당한 주목을 받아왔지만 상대방에게 부정적인 정신 상태를 요구하기 때문에 유해하다고 할 것이다.

15. 대부분의 경우 타인을 조종하는 최면술은 시술자와 그 대상자 모두에게 매우 위험하다. 정신세계를 관장하고 있는 법칙에 정통한 사람은 모두 절대로 타인의 의지를 지배하려고 생각하지 않는다. 왜냐하면, 그렇게 하면 서서히, 그리고 확실하게 자신의 힘을 잃게 되기 때문이다.

16. 이런 모든 도착은 일시적 만족감을 가져다주어 일부 사람들을 매료시킨다. 그러나 쓰면 쓸수록 커져 가는 내면세계의 힘을 이해하는 편이 훨씬 더 매력적이다. 그것은 절대 사라지지 않는다. 과거의 잘못과 그릇된 사고의 결과를 바로잡는 치료약으로써 활용될 뿐만 아니라 모든 종류의 위험에서 우리를 막아 주는 예방책도 될 것이다. 새로운 상태와 환경을 구축하기 위한 창조력도 된다.

17. 사고는 그 대상과 관계를 맺고 마음속으로 생각했던 것에 상응하는 것을 물질세계에서 창출해내는 성질이 있다. 모든 사고는 진실의 싹을 지니고 있다고 인식하는 것이 절대적으로 필요하다. 성장의 법칙이 선을 출현시키는 것은 바로 이 때문이다. 왜냐하면, 선만이 영원의 힘을 가져다줄 수 있기 때문이다.

18. 사고에 대상과 관계를 맺을 역동적 힘을 전달하고 모든 역경을 뛰어넘을 수 있게 해주는 원리가 바로 인력의 법칙이다. 그것은 사랑의 또 다른 이름이자 만물에 내재하는 영원하고도 근본적인 원리이다. 모든 철학, 모든 종교, 모든 과학에도 내재돼 있다. 사랑의 법칙에서 벗어날 수 있는 방법은 없다. 그것은 사고에 생명력을 전달하는 감정이다. 감정이란 소망이며, 소망이란 사랑이다. 사랑이 깊은 사고에는 대적할 상대가 없다.

19. 사고의 힘이 인정받는 곳이라면 어디서나 인력의 법칙이 강조된다. 우주정신은 단순한 지성이 아니라 물질이다. 이 물질이 인력의 법칙에 따라 전자를 끌어들여 원자의 모습을 만들어 내는 인력인 것이다. 그런 다음 원자 또한 같은 방법으로 모여들어 분자를 형성한다. 분자는 객관적인 형태를 취하게 된다. 이렇게 해서 사랑의 법칙이 원자뿐만이 아니라 세계와 우주, 상상이 만들어 낸 모든 현상의 배후에서 작용하는 창조의 힘이라는 것을 알게 되는 것이다.

20. 모든 시대의 인간은 자신들의 요구와 소망에 대응하기 위해 상황을 조종하는 존재가 있다고 믿어 왔다. 인간을 그렇게 믿게 한 것이 바로 이 경이로운 인력의 법칙의 작용이다.

21. 인력의 법칙이라 불리는 저항하기 힘든 힘을 형성하는 것은 사고와 사랑의 조합이다. 모든 자연의 법칙은 저항하기 힘든 것이다. 중력의 법칙, 전기의 법칙, 그 밖의 모든 법칙이 수학적인 정확함으로써 작용을 한다. 예외는 없다. 불완전한 것은 법칙이 실행되는 회로뿐이다. 우리는 다리가 무너져 버린다 할지라도 그것을 특별한 중력의 법칙 때문이라고 여기지 않는다. 정전이 되더라도 전기를 관장하는 법칙을 믿을 수 없다는 결론을 내리지는 않는다. 인력의 법칙도 마찬가지다. 모든 사건이 그 법칙에서 벗어났다고 여기더라도 법칙 자체가 잘못됐다는 결론을 내리지는 않는다. 그 법칙을 좀 더 이

해할 필요가 있다는 결론을 내려야 한다. 어려운 수학문제가 그렇게 쉽게 풀리지 않는 것과 마찬가지 이유이다.

22. 모든 일들은 외부의 행동과 사건으로 일어나기 전에 마음의 세계와 영적 세계에서 발생한다. 우리는 지금 사고의 힘을 조종하는 간단한 구조에 의해 미래에(어쩌면 내일 당장) 우리 인생에서 벌어질 일들을 돕고 있다. 경험을 기반으로 한 소망은 인력의 법칙을 작용시키는 가장 유력한 수단이다.

23. 인간은 정교하게 구성돼 있으며 생각할 때는 일단 생각할 힘을 얻기 위한 도구를 만들어 내야 한다. 마음이 새로운 관념을 이해하기 위해서는 뇌세포가 그것을 받아들일 준비를 해야 한다. 우리가 새로운 관념을 받아들이고 평가하기 힘든 것은 바로 이 때문이다. 새로운 관념을 받아들이는 뇌세포가 없기 때문에 의심이 많은 것이다.

24. 그러므로 아무리 인력의 법칙의 전능함과 그 법칙을 작용시키는 과학적 방법에 정통하지 않더라도, 지금 당장 무한의 힘을 이해할 수 있는 뇌세포를 만들길 바란다. 그것은 집중에 의해 만들어 낼 수 있다.

25. 집중력을 키우기 위해서는 의지와 명상이 필요하다. 집중력은 깊은 사고와 뛰어난 연설을 가능하게 해주며 잠재능력을 꽃피우게 해 준다.

26. 모든 힘은 발전하는 원천의 잠재의식으로, 당신이 잠재의식의 전능한 힘과 접할 수 있는 것은 명상 속에서만 가능하다.

27. 지혜와 힘, 영원의 성공을 추구하는 사람들은 그 모든 것들을 내면에서 밖에 찾을 수 없다. 그것들은 성장할 때를 기다리고 있는 것이다. 명상은 매우 쉽고 간단하게 달성할 수 있다고 안이한 생각을 하는 사람이 있을지도 모른다. 그러나 절대적인 명상은 우리가 신과 접촉할 수 있는 유일한 장소라는 것을 기억해주길 바란다.

28. 이번 주에는 지금까지와 똑같은 방으로 가 같은 의자에 앉고, 같은 자세를 취하길 바란다. 정신적으로도 신체적으로도 편안하게 긴장을 풀길 바란다. 항상 이런 상태를 유지하길 바란다. 절대로 정신적인 업무나 긴장상태에서 하는 것은 피하길 바란다. 근육이나 신경 모두 긴장을 풀고 완전히 이완된 상태를 확인하길 바란다. 그리고 전능한 신과 일체라는 사실을 자각하기 바란다. 이 힘을 접촉함으로써 당신의 생각하는 능력이 우주정신에 추구해 그것을 출현시키는 능력이라는 것을 마음속으로 인식하고 이해하면서 감사하게

여기길 바란다. 그것이 모든 필요조건을 충족시키는 것이라는 것을 자각하길 바란다. 당신이 다른 모든 인간과 같은 잠재능력을 지니고 있다는 것을 인식하길 바란다. 왜냐하면, 개개의 인간은 우주정신의 다양한 표현에 불과하기 때문이다. 전원이 전체의 일부이다. 종류와 질에는 아무런 차이도 없다. 차이라면 그 규모의 차이 뿐이다.

사고는 표현될 수 없는 것은 생각할 수 없다. 그것을 처음 이야기 한 사람은 제안자에 불과할지도 모르지만 실천하는 사람이 나타날 것이다. ―윌슨

제13주
꿈은 이루어진다

제13주

*

자연과학은 놀랄만한 발명의 시대를 만들어 낸 원동력이지만, 영적인 과학은 현재 아무도 예측할 수 없는 가능성을 내포한 일을 시작하고 있다.

영적인 과학은 지금까지 무지하고 미신을 신봉하는 신비주의자들의 집합체였다. 그러나 사람들은 지금 명확한 방법과 증명된 사실에만 흥미를 품게 됐다. 우리는 사고가 영적인 구조라는 것을 인식하게 되었다. 상상이나 전망이 행위와 사건보다 앞선다는 것, 다시 말해 몽상가의 꿈이 실현될 날이 찾아왔다는 것을 인식하게 된 것이다. 다음에 소개하는 하버트 코프먼(1878~1947. 미국 작가)의 문장은 한 사건과 전망의 관계에 주목하고 있다.

"그들은 위대한 건축가이다. 그들의 미래에 대한 전망은 영혼의 내부에 있다. 그들은 의혹의 베일과 안개를 통해 미래를 본다. 벨트를 건 톱니바퀴, 강철 다리, 조정용 나사, 마법의 천을 짜는 베틀의 북이다. 제국의 건설자인 그들은 왕의 것보다 큰 왕관, 왕의 자리보다 높은 자리를 추구하며 싸워왔다. 당신의 집은 몽상가가 발견한 땅 위에 세워졌다. 벽에 걸린 그림은 몽상가의 영혼이 본 것을 시각화한 것이다.

그들은 선택된 소수─길을 여는 사람─이다. 벽이 무너지고, 제국이 몰락하고, 바다에서 몰아친 파도가 요새를 부숴 버린다. 부패한 나라들이 시간이라는 커다란 가지에서 떨어지고 몽상가들이 만든 것만이 살아남는다."

이 장에서는 몽상가의 꿈이 어째서 실현되는지를 명확하게 한다. 몽상가, 발명가, 작가, 자산가가 자신들의 꿈을 이뤄내는 인과의 법칙을 설명할 것이다. 마음에서 연상한 것이 최종적으로 자신의 것이 되는 법칙이다.

꿈은 이루어진다

지금까지 예외적인 사건들 덕분에 생각지도 못했던 과학적 발견으로 이끌어 준 예는 수도 없이 많다. 예를 들어 화산 폭발이라는 예외적 사건은 지구 내부에서 끊임없이 움직이며 지형을 형성하는 열의 존재를 명확하게 해주었다.

번개는 무기질의 세계에서 끊임없이 변화를 창출해 내고 있는 미묘한 힘을 명확히 해주고 있다. 현재는 거의 사용되지 않는 과거의 말들이 한때 나라 전체에서 널리 통용됐던 말들의 존재에 관해 가르쳐 주듯이, 시베리아의 거대한 공룡이빨이나 땅속에 잠들어 있는 화석은 과거의 진화 기록을 전해 줄 뿐만 아니라, 오늘날 우리가 살고 있는 언덕과 계곡의 기원을 말해주고 있다.

3. 이렇게 희귀하고 예외적이며 불가사의한 사실의 일반화는 귀납적 과학의 모든 발견을 인도해주는 나침반이 돼 왔다.

4. 이 방법은 이성과 경험을 토대로 형성되어 미신과 관습을 파괴했다.

5. 프란시스 베이컨(16세기~17세기에 걸쳐 활약한 영국 철학자)이 이런 연구방법을 권장한지 300년의 시간이 흘렀다. 문명국들의 눈부신 번영과 지식의 귀중한 부분이 이 연구방법을 통해 이루어졌다. 그것은 그 어떤 날카로운 풍자보다 효과적으로 좁은 편견과 고상한 이름을 붙인 이론들을 추방시켰다. 또한, 미심쩍은 방법을 쓰지 않고 깜짝 놀랄 만한 실험을 통해 사람들의 시선을 하늘에서 땅으로 끌어모았다. 그리고 모든 사람에게 발명이 가능한 것이라는 것을 시사해줌으로써 사람들을 자극시켰다.

6. 베이컨은 위대한 그리스 철학자들의 정신과 목적을 확실하게 파악하고 있었으며 관찰과 실험을 중시했다. 그로 인해 천문학의 무한한 공간과 발생학의 미세한 크기의 알속에서, 지질학의 어두운 그림자 속에서 놀랄 만한 사실을 하나하나 밝혀냈다. 동시에 아리스토텔레스의 논리가 해명하지 못했던 질서를 명확히 해 이전까지 알려지지 않았던 원소 속에 스콜라 철학의 변증법으로는 확실하게 분리할

수 없었던 물질의 조합을 발견했다.

  7 귀납적 과학은 생명을 연장하고 고통을 줄여 주었다. 여러 가지 병도 근절시켰다. 토양을 비옥하게 해주었고, 선원들에게 새로운 안심감을 안겨 줬으며, 넓은 강에 부모세대들이 볼 수 없었던 새로운 형태의 다리를 놓게 되었다. 하늘에서 땅으로 전기 빛을 끌어들여 낮처럼 밝게 밤을 비추었다. 인간의 시야를 넓혀 주고 인간의 근력을 배로 증가해주었다. 교통수단의 발달로 거리를 단축했다. 교류와 통신을 촉진해 비즈니스의 폭을 넓혀 주었다. 심해에 잠수하고, 하늘을 날고, 유해 가스가 있는 지하를 안전하게 팔 수 있게 해주었다.

  8 그것이 귀납법의 본질과 응용범위이다. 그러나 귀납적 과학으로 인간이 달성한 성공이 커지면 커질수록 일반적인 법칙을 발표하기 전에 개개의 사실을 모든 관찰 수단을 총동원해 주의 깊고, 참을성 있고, 정확하게 관찰할 필요가 있다는 것을 사람들은 통감하게 됐다.

  9 미국의 주불대사였던 벤자민 프랭클린(1706~1790. 자연과학자, 정치가)은 구름 속 전기를 조사하기 위해 번개가 떨어질 것 같은 순간 비단 천으로 만든 연실에 열쇠를 달아 날린 뒤 전기가 통하는 것을 확인했다. 그의 이런 실험에서 착안해 발전기에서 튀는 불꽃의 움직

임을 여러 상황에서 관찰하는 방법도 했다. 갈릴레오는 피사의 사탑에서 크기가 다른 쇠구슬 두 개를 떨어뜨려 물체가 낙하하는 속도는 질량에 관계없이 일정하다는 '낙하 법칙'을 발견했다. 모든 물건이 서로 끌어당기는 '인력'을 가지고 있다는 '만유인력의 법칙'을 발견한 뉴턴에게 영감을 준 것은 쇠구슬을 떨어뜨린 뒤 피사의 사탑에서 떨어지는 갈릴레오의 모습이었다고 한다.

10. 다시 말해 진실을 중시하고 착실하게 앞으로 나아가길 바란다면 바람직하지 않은 사실이라고 해서 무시하거나 배제하는 독단적 편견을 용납하지 않고, 빈번하게 일어나는 현상이 아니라 단 한 번뿐인 현상에도 충분히 주의를 기울여 확고한 기반 위에 세워진 과학적 틀을 키울 필요가 있는 것이다.

11. 관찰을 통해 모아진 데이터가 늘어나고 축적된 사실은 자연에 대한 해석을 다각도로 조명할 수 있게 해 준다. 우리가 특별한 사람들의 특수한 재능을 존중하듯이 자연 철학은 온갖 사실들을 채로 거르고 꾸준한 관찰만으로는 설명할 수 없는 뚜렷한 사실에 특히 무게를 둔다.

12. 그렇다면 특정 인간이 믿기 힘든 힘을 지니고 있다는 것을 깨달았을 때, 우리는 어떻게 하면 좋을까? 먼저 그런 힘을 가졌을 리 없

다는 견해가 있다. 그것은 단순히 정보부족으로 인한 착각에 불과하다. 왜냐하면, 설명할 수 없는 불가사의한 현상은 얼마든지 있기 때문이다. 그러나 사고의 창조적 힘에 정통한 사람이라면 그것을 설명이 불가능한 일이라고는 여기지 않을 것이다.

/3. 둘째로 그것들은 초자연적인 것이라고 보는 견해가 있다. 그러나 자연의 법칙을 이해하는 과학은 초자연적인 것은 없다고 단언한다. 모든 현상은 명확한 원인의 결과이다. 그 원인은 불변의 법칙이나 원리로 의식적이든 무의식적이든 간에 변치 않는 정확함으로 작용한다.

/4. 셋째로 그것은 너무나도 상식에서 벗어나 있기 때문에 '건드려서는 안 되는 것'이라는 견해가 있다. 이런 생각은 지식의 진보에 반대하기 위해 이용돼 왔다. 콜럼버스, 다윈, 갈릴레오, 풀턴(1785~1815. 미국의 기술자, 발명가), 에머슨 등, 누구든 간에 새로운 법칙을 제안한 사람은 모두 조롱과 박해를 받았다. 때문에 '건드려서는 안 된다'는 생각은 신중히 고려했어야 하는 것이지만 그렇지 못했다. 그러나 우리는 역으로 주목을 끄는 모든 사실을 신중히 고려해야 한다. 그러면 그것이 무엇을 기반으로 한 법칙인지를 쉽게 확인할 수 있을 것이다.

15. 사고의 창조적 힘이 언젠가 신체적, 정신적, 영적인 모든 상태와 체험을 설명해 줄 것이다.

16. 사고는 마음속의 지배적인 생각에 대응하는 상태를 만들어 준다. 따라서 만약 우리가 재난을 두려워하고 있다면 공포는 강력한 사고형태이므로, 우리는 재난을 끌어들이는 결과를 초래할 것이다. 오랜 세월 동안의 고통과 노력의 결과를 수포로 만들어버리는 것은 이런 사고 때문이다.

17. 어떤 형태의 물질적 부를 깊이 생각하면 그것을 얻을 수 있을지도 모른다. 집중된 사고는 우리의 열망을 실현하기 위해 필요한 환경을 창출한다. 하지만 자신이 바라던 것을 손에 넣기는 했지만, 그것이 기대했던 결과를 가져다주지 않는 경우가 왕왕 있다. 다시 말해 짧은 만족이거나 기대했던 것과는 정반대인 경우가 있다.

18. 그렇다면 어떻게 해야 적절한 것일까? 자신이 진정으로 바라는 것을 손에 넣기 위해서는 무엇을 생각하면 좋을까? 당신과 내가 바라는 것, 모든 사람의 열망, 찾아 헤매고 있는 것은 바로 행복과 조화이다. 만약 진정으로 행복해질 수 있다면 무엇이든지 손에 넣을 수 있을 것이다. 만약 자기 자신이 행복하다면 타인도 행복하게 해줄 수 있다.

19. 그러나 행복해지기 위해서는 건강, 정신적 강인함, 마음이 맞는 친구, 쾌적한 환경 등이 필요하다. 또한, 우리의 기본적인 욕구를 충족시키는 것뿐만이 아니라 어느 정도의 금전적, 정신적 여유가 필요하다.

20. 한때 우리는 자신의 분수에 만족하는 '벌레'가 되라고 배웠다. 그러나 현대에서는 최고의 것을 얻을 권리가 있다고 가르친다. 때문에 '아버지와 나는 하나'라는 것과 '아버지'란 만물이 그곳에서 발생하는 우주정신, 창조자, 근원물질이라는 것을 깨달아야 한다.

21. 실은 그런 생각이야말로 모든 철학과 종교체계의 본질이며 2000년 동안 이어져 온 가르침이다. 그것을 실생활에서 활용하기 위해서는 어떻게 하는 것이 좋을까? 어떻게 해서 실제로 손에 쥘 수 있는 결과를 얻어야 하는가?

22. 첫째로 지식을 실행으로 옮겨야 한다. 그 밖의 방법으로는 아무 것도 달성할 수 없다. 운동선수는 평생 육체적 트레이닝에 관한 책을 읽거나 훈련을 받는지도 모른다. 하지만 실제로 운동을 통해 능력을 발휘할 수 없다면 더 큰 능력을 몸에 익힐 수 없다. 우리는 자신이 준 것만큼 받을 수 있다. 따라서 먼저 주지 않으면 안 된다. 그러면 그것은 몇 배로 커져 우리에게로 돌아온다. 준다는 것은 단순

한 정신적 작업이다. 왜냐하면, 사고는 원인이고 상태는 결과이기 때문이다. 용기를 낼 수 있게 해주는 사고와 건강한 사고를 한다면 그에 걸맞은 결과를 창출해내는 원인이 작용하기 시작한다.

23 사고는 영적 활동이므로 창조적이다. 그러나 오해는 하지 말길 바란다. 사고는 의식해서 체계적이고 건설적으로 활용하지 않는 한 아무것도 창출해 내지 않는다. 여기에 그저 기분전환에 불과한 사고와 거의 모든 것을 달성할 수 있게 해주는 건설적인 사고와의 차이가 있는 것이다.

24 우리가 누리는 모든 것은 인력의 법칙에 의해 우리에게 가져다 준 것이라는 것을 살펴봤다. 행복한 생각은 불행한 의식 속에는 존재할 수 없다. 따라서 불행한 사람은 의식을 바꾸지 않으면 안 된다. 의식이 바뀌면 그에 어울리는 상황이 조금씩 바뀌기 시작한다.

25 우리는 이미지나 이념을 품음으로써 하나의 사고를 만물을 생성하는 근본물질에 투영한다. 그런데 이 물질이 우주에 편재돼 있을 뿐만 아니라, 전지전능하다는 사실을 평가할 수 없으므로 자신의 욕구를 물질화하는 방법까지 이것저것 생각하게 된다. 그것이 모든 실패의 원인인 것이다.

26. 우리는 우주정신의 무한한 힘과 지혜를 인식함으로서 그 은혜를 누릴 수 있다. 그렇게 해서 무한한 것이 우리의 열망을 실현시키는 회로가 되는 것이다. 그것은 인식이 열망을 실현해 준다는 것을 의미한다. 이번 주 훈련은 이 원리를 활용해 당신이 전체의 일부라는 사실과 일부는 종류와 질에 있어서 전체와 같아야 한다는 사실을 인식하길 바란다. 단 한 가지 차이가 있다면 그것은 정도의 차이다.

27. 사고하는 당신의 '나' 혹은 정신은 위대한 전체의 뺄 수 없는 일부이다. 부분은 본질도, 성질도, 종류도, 전체와 같다. 창조주는 자신과 다른 것은 절대로 만들어 내지 않는다. 이런 엄청난 사실이 당신의 의식에 침투하기 시작하면, 당신은 "아버지와 나는 하나이다."라고 당당하게 말할 수 있게 된다. 그리고 아름다움과 위엄을 마음껏 음미하며 어떤 초월적 기회가 자신에게 주어져 왔는지를 이해할 수 있게 된다.

제14주
잠재의식은 우주정신과 하나

제14주

*

지금까지의 학습에서 사고가 영적 활동이며 창조하는 힘을 준다는 것을 살펴봤다. 이것은 일부 사고가 창조적이라는 것이 아니다. 모든 사고가 그렇다는 것이다. 이와 똑같은 원리가 부정적으로 작용하는 경우도 있다.

의식과 잠재의식은 하나의 마음과 이어진 활동의 두 가지 측면에 불과하다. 잠재의식과 의식과의 관계는 풍향계와 대기와의 관계와 닮았다. 대기의 작은 압력으로 풍향계를 움직이게 하듯이 의식이 품고 있는 사소한 사고가 잠재의식의 내부에서 활동을 일으키게 한다. 활동의 깊이는 그 사고의 특징적 감정의 깊이에, 활동의 강도는 사고의 강도에 비례한다.

만약 당신이 불만이 있고 그 불만을 부정한다면 불만스러운 상태를 만들어내는 에너지를 추방시킬 수 있게 된다. 뿌리를 뽑아내 생명력을 빼앗아 버리기 때문이다.

성장의 법칙이 객관적 세계의 모든 현상을 예외 없이 도맡아 관장하고 있다는 것을 떠올리길 바란다. 따라서 불만족스런 상태를 부정하더라도 곧바로 변화가 일어나는 것은 아니다. 식물은 뿌리를 잘라 내더라도 한동안 살아 있지만, 서서히 시들어 가다가 결국 죽어버린다. 마찬가지로 불만족스러운 상태를 생각하지 않으면 서서히 그리고 확실하게 불만족스러운 상태는 소멸하고 만다.

우리는 이와 정반대되는 것을 하는 경향이 있다. 그러면 당연히 효과도 정반대가 된다. 대부분 사람은 불만족스러운 상태에 고의로 집중한다. 그럼으로써 그 상태에 힘을 실어 줄 에너지를 부여하고 있다.

잠재의식은 우주정신과 하나

　모든 움직임, 빛, 열, 색의 원천인 우주 에너지는 한계가 없으며 만물 위에 군림하고 있다. 이 근원물질(우주의 에너지)은 모든 힘, 지혜, 지성의 원천이다.

　이 지성을 인식하는 것은 마음의 물질에 정통한다는 것을 의미한다. 마음의 성질에 정통하면 마음을 통해 근원물질에 손을 써 인생에 조화를 창출해 낸다.

　이것은 그 어떤 학식 높은 자연과학의 스승들도 시험해 본 적이 없으며, 자연과학이 아직 손도 대지 않은 분야이다. 실제로 지금까지 이 지성의 빛에 최초 광선을 다룬 자연과학의 학파는 거의 없다. 지혜가 힘과 물질과 마찬가지로 모든 곳에 편재돼 있다는 것을 자연과학자들은 아직 깨닫지 못한 것 같다.

∡ 만약 지금까지의 원리가 모두 진실이라고 한다면 어째서 우리는 그 은혜를 받으려 하지 않는 것일까? 근본원리가 옳다는 것이 명확한데도 왜 적절한 결과를 얻을 수 없는 것일까? 하지만 실제로는 얻고 있다. 단지 그 법칙을 얼마만큼 이해하고 적절하게 적용하고 있는가에 따라 결과가 제한되는 것이다. 우리가 전기의 혜택을 누리게된 것은 전기의 작용을 관장하는 법칙을 누군가가 공식화해서 적용 방법을 제시했기 때문이다.

∡ 근본적 원리가 작용하고 있다는 것을 깨닫는다면 우리 앞에는 장대한 가능성이 펼쳐져 전혀 새로운 시선으로 주변 환경을 바라보게된다.

∡ 마음은 창조적이며 근원물질에 손을 써 인생에 그 어떤 변화도 일으킬 수 있다. 그러나 그 창조의 힘은 개인의 의식이 아니라 우주정신에서 발단하고 있다. 우주정신은 모든 에너지와 물질의 근원이며 원천이다. 그에 반해 개인의 의식은 그 에너지를 분배하는 회로에 지나지 않는다. 개인은 현상으로써 나타나는 모든 에너지의 조합을 우주가 창출하는 수단인 것이다.

7 과학자가 물질을 막대한 수의 분자로 환원해 왔다는 것을 우리는 알고 있다. 이 분자는 원자로, 원자는 전자로 환원됐다. 끝자락이 초합금으로 돼 있는 유리 진공관 속에 전자가 발생한 것은 이 전자들이 모든 공간을 가득 채우고 있다는 것을 결정적으로 잘 나타내 주고 있다. 전자가 모든 곳에 존재하고 우주에 널리 퍼져 있다는 것을 드러내고 있는 것이다. 전자는 모든 물질을 채우고 있으며 우리가 공간이라 부르는 곳을 꽉 채우고 있다. 따라서 그것은 만물을 창출하는 근원물질인 것이다.

8 전자는 아무런 요구도 하지 않고 영원히 전자인 채로 머무를 것이다. 그러나 명령을 전달하면 서로 모여 원자와 분자를 형성한다. 그 명령을 내리는 것이 바로 마음이다. 힘의 중심을 돌고 있는 수많은 전자가 원자를 구성한다. 원자는 수학적으로 정확한 비율로 이어져 분자를 형성한다. 분자는 서로 모여 여러 가지 복합물을 형성하고 그것이 합쳐져 우주를 형성한다.

9 알려진 것 중에 가장 가벼운 원자는 수조인데 그것은 전자의 1700배의 무게에 달한다. 수은의 원자는 전자의 30만 배의 무게에 달한다. 전자는 순수하게 부(-)전하를 띠고 있다. 빛, 전기, 그리고 사고와 같은 다른 모든 우주 에너지와 마찬가지 잠재속도를 갖추고 있기 때문에 시간이나 공간을 고려할 필요가 없다. 빛의 속도를 발

견한 방법은 매우 흥미롭다.

10. 빛의 속도는 1676년 덴마크의 천문학자 뢰메르가 목성의 월식을 관측하고 산출해 냈다. 달이 목성에 가장 가까이 다가갔을 때, 월식의 간격이 계산보다 8분의 30초 짧아졌다. 역으로 가장 멀리 있을 때는 8분의 30초 길어졌다. 뢰메르는 그 이유를 목성에서 빛이 지구에 도착할 때까지 17분이 걸리기 때문이라는 결론을 내렸다. 이 계산은 훗날 옳다는 게 증명돼 빛의 속도는 초속 약 30만km라는 것을 알게 됐다.

11. 전자는 신체 속에 세포로 나타나는데 해부학적인 신체 속에서 그 기능을 다 하는데 충분한 마음과 지성을 갖추고 있다. 신체의 모든 부분은 세포로 형성돼 있으며 그 일부는 독립적으로 작용한다. 그 밖의 세포는 공동체를 형성한다. 일부는 조직을 만들기도 하고 신체에 필요한 분비물을 만드는 세포군도 있다. 물질의 운반자, 충격을 회복시키는 외과의, 노폐물을 제거하는 청소부와 같은 역할을 하는 세포도 있다. 바람직하지 않은 침략자와 침입자를 끊임없이 격퇴할 준비를 하는 세포도 있다.

12. 이런 세포는 모두 공통된 목적으로 움직이고 있다. 개개의 세포는 한 개의 유기체일 뿐만 아니라 필요한 임무를 다하는 데 필요한

지성도 갖추고 있다. 또한, 에너지를 보존하고 스스로 생명을 유지하는 데 충분한 지성을 가지고 있다. 따라서 충분한 영양을 확보하지 않으면 안 되며 섭취할 영양을 선택하고 있다는 것을 알 수 있다.

13. 세포는 태어나서 스스로 재생하고 죽어서 흡수된다. 인간의 건강과 생명을 유지하기 위해 이 세포들은 끊임없이 재생을 하고 있다.

14. 따라서 신체를 구성하는 각각의 원자에 마음이 있다는 것은 확실하다. 이 마음은 암시에 걸리기 쉬운 성질을 지니고 있어서 사고에 의해 제어하지 않으면 안 된다. 그것이 마음의 치료인 것이다.

15. 신체의 모든 세포에 포함돼 있는 이 세포는 잠재의식이라 불려왔다. 의식을 가지지 않은 채 활동하기 때문이다. 이 잠재의식이 의식적인 마음의 의지에 반응한다는 것을 우리는 이미 살펴봤다.

16. 만물은 마음에서 비롯된다. 외관은 사고의 결과이다. 사물 자체는 어떤 근본도, 영속성도, 실체도 없다는 것을 우리는 알고 있다. 그것들은 사고에 의해 생성됨으로 사고에 의해 소멸된다.

17. 자연과학과 마찬가지로 정신과학에서도 여러 실험이 이루어지

고 있다. 한 가지 발견이 있을 때마다 인간은 가능한 목표를 향해 한 계단 더 올라갈 수 있다. 모든 인간은 평생 동안 품고 있는 사고가 반영된 것이다. 그것이 얼굴, 체형, 성격, 환경에 각인되는 것이다.

18 모든 결과의 배후에는 원인이 있다. 출발점까지의 흔적을 거슬러 올라가면 그것을 창출해 낸 원리를 깨달을 수 있을 것이다. 현재 이 원리는 일반에 널리 전파돼 있다.

19 객관적 세계는 아직 설명되지 않은 눈에 보이지 않는 힘으로 제어되고 있다. 지금까지 우리는 그 힘을 개인화해 신이라 불러 왔다. 그러나 지금 그것을 존재하는 모든 것에 침투해 있는 본질, 혹은 원리 우주정신이라는 것을 배웠다.

20 무한하고 전능한 우주정신은 마음대로 할 수 있는 끝없는 자원을 가지고 있다. 그것이 우주에 널리 퍼져 있다는 것을 생각한다면, 우리는 그 정신의 표현이나 표출임에 틀림없다는 결론을 내려야 한다.

21 잠재의식의 힘을 이해하고 인식한다면 잠재의식과 우주정신의 차이가 규모의 차이라는 것을 깨닫게 될 것이다. 그 차이는 한 방울의 물과 바다와의 차이와 비슷하다. 종류와 질은 같고 오직 규모의

차이만 있을 뿐이다.

22 잠재의식이 우주정신과 하나라면 그 활동에 어떤 제제도 가할 수 없다. 또한, 잠재의식이 우주정신과 의식을 이어주는 연결 고리라고 한다면 의식은 잠재의식이 실행으로 옮기는 사고를 의도적으로 제안할 수 있다는 것도 명백한 사실이다.

23 이 원리를 이해할 수 있다면 기도가 어째서 훌륭한 결과를 가져다주는지 잘 알 것이다. 기도를 통해 얻은 결과는 특별한 신의 섭리에 의해 이루어진 것이 아니다. 역으로 그것들은 완벽한 자연의 법칙이 작용한 결과이다. 따라서 그에 관해 종교적인 것과 신비적인 것은 전혀 없다.

24 하지만 올바르게 생각하는 데 필요한 단련을 할 준비가 되지 않은 사람이 많다. 잘못된 사고가 실패로 이어졌다는 것이 역력한데도 말이다.

25 실존하는 것은 사고뿐이다. 상태는 겉으로 드러난 것에 불과하다. 사고가 바뀌면 외부의 물질적 상태 모두가 창조주인 사고에 따라 바뀔 수밖에 없는 것이다.

26. 그러나 사고는 명료하고 안정적이고 흔들리지 않게 고정된 것이어야 한다. 당신은 한 걸음 전진하고 두 걸음 후퇴해서는 안 된다. 마찬가지로 2, 30년간 부정적으로 생각해온 결과 부정적 상태를 쌓아올려 놓고, 15분에서 20분만 올바르게 생각하고 지금까지의 모든 부정적 결과가 사라질 것을 기대한다는 것은 너무나 뻔뻔한 일이다.

27. 만약 인생을 근본적으로 바꾸는 훈련을 할 생각이라면 충분히 숙고한 다음에 신중히 접근해야 한다. 그리고 그 어떤 것도 자신의 결단을 방해하게 해서는 안 된다.

28. 이 훈련, 이 사고의 변화, 이 마음의 자세는 최고의 번영을 이루는데 필요한 물질을 가져다줄 뿐만 아니라 건강과 전반적으로 원만한 상태를 가져다줄 것이다.

29. 만약 인생에 조화를 바란다면 균형 잡힌 마음의 자세를 키워야 한다.

30. 당신의 외부세계는 내면세계의 반영인 것이다.

31. 이번 주 훈련은 조화에 집중한다. 내가 말하는 집중이란 그 말을 내포하고 있는 모든 것을 가리킨다. 조화 이외에 다른 것은 아무것

도 의식하지 않게 될 때까지 깊고 진지하게 집중하는 것이다. 우리
는 행위 함으로써 배운다는 것을 기억하길 바란다. 이 책을 눈으로
읽기만 한다면 아무것도 얻을 수 없다. 실행하는 데 가치가 있는 것
이다.

문을 닫고 당신의 마음과 세계에서 확실한 목적이 없이 들어오기를 바라는 모든 요소
들을 쫓아내는 방법을 배워라. —조지 매슈 애덤스

제15주
우리의 삶을 지탱해주는 법칙

제15주

*

식물에서 볼 수 있는 기생생물을 이용한 실험은 가장 하등 식물조차 자연의 법칙을 활용하는 능력을 지니고 있다는 것을 나타내 주고 있다. 이 실험은 록펠러 연구소의 연구원인 쟈크 러브 박사에 의해 이루어졌다.

"데이터를 얻기 위해 화분에 심은 장미를 방안의 닫혀 있는 창문 앞에 놓았다. 장미꽃이 시들어 버리자 이제껏 날개가 없었던 진딧물이 날개가 달린 곤충으로 변했다. 변신한 뒤 그 동물은 장미에서 벗어나 창문까지 날아가 유리창에 달라붙어 기어오르려 했다."

자신이 기생하고 있던 식물이 죽어 버려 더 이상 먹을 것을 얻을 수 없게 됐다는 것을 이 작은 곤충이 깨달은 게 분명하다. 굶어 죽지 않는 유일한 방법은 일시적으로 날개를 만들어 내 날아가는 것이었다.

이런 실험은 전지전능함이 우주 곳곳에 퍼져 있어 가장 작은 생물조차 위급한 상황에서는 그것을 이용할 수 있다는 것을 나타내고 있다.

이 장에서는 우리의 생활을 지탱해주고 있는 법칙에 관해 자세히 살펴보기로 하자. 이 법칙들이 우리에게 이익을 가져다준다는 것과 우리에게 찾아오는 모든 상태와 경험이 우리를 위한 것이라는 것과, 우리는 노력한 만큼 강해지며 우리의 행복은 의식적으로 자연의 법칙과 협력하며 삶으로써 달성할 수 있는 것들에 관해 이야기 할 것이다.

우리의 삶을 지탱해주는 법칙

1 우리의 생활을 지탱하고 있는 법칙은 우리의 이익이 될 수 있도록 이루어져 있다. 이 법칙들은 불변의 것이며 우리는 그 작용에서 벗어날 수 없다.

2 모든 위대하고 영원한 힘은 엄숙한 명상 속에서 작용하는데, 자기 자신을 그 힘과 조화를 이루게 하고 평화롭고 행복한 인생을 보낼 수 있을지는 우리의 힘에 달려 있다.

3 곤란, 불화, 장애 등은 우리가 필요하지 않은 것을 버리지 않고 있거나 필요한 것을 받아들이지 않는가에 달려 있다는 것을 말해주고 있다.

4 성장은 옛 것을 새로운 것으로, 좋은 것을 더욱 좋은 것으로 바꿈으로써 달성된다. 그것은 조건부 상호작용이다. 왜냐하면, 우리는 서로 완벽하게 독립된 사고체이며 주어진 것만 받아들일 수 있기 때문이다.

5 자신이 지니고 있는 것만 끈질기게 고집한다면 다른 것은 손에 넣을 수 없다. 자신이 끌어들이는 것의 목적을 깨닫게 된다면 자신의 상태를 의식적으로 제어할 수 있게 돼 각각의 경험에서 성장하는 데 필요한 것만을 끌어들이게 된다. 그 능력에 따라 조화와 행복을 달성할 수 있을지가 결정된다.

6 더 높은 차원에 도달해 더 넓은 시야를 가지게 된다면 성장에 필요한 것을 깨닫는 능력이 점점 높아지게 된다. 필요한 것을 깨닫는 능력이 높아지면 높아질수록 확신을 가지고 그것을 분별하고 끌어들여 호흡하게 된다. 성장에 필요한 것 이외에는 눈에 들어오지 않을지도 모른다.

7 우리가 체험한 경험과 상태는 모두 우리에게 도움이 되는 것이다. 지혜를 호흡하고 더 큰 성장을 위해 필요한 것을 모을 수 있을 때까지 곤란과 장애가 끊임없이 지속될 것이다.

8 우리가 뿌린 씨앗을 거두어들이는 것은 틀림없는 사실이다. 우리는 역경을 이겨낼 노력을 한만큼 영원의 강인함을 얻는다.

9 성장을 하기 위한 절대 조건은 자신에게 완벽하게 조화하기 위한 것을 최대한으로 끌어들이는 것이다. 우리의 최대 행복은 자연의 법칙을 이해하고 의식적으로 협조함으로써 달성된다.

10. 사고는 창조적이며 이 법칙이 근거로 삼고 있는 원리는 만물에 처음부터 침투돼 있다. 그러나 사고에 생명력을 불어넣기 위해서는 애정을 불어넣어야 한다. 사랑은 감정의 산물이다. 따라서 지성과 이성에 의해 감정을 제어하고 인도하는 것이 필요하다.

11. 사고에 생명력을 부여하고 발아할 수 있게 해주는 것은 사랑이다. 인력의 법칙, 다시 말해 사랑의 법칙—둘은 하나와 같다—은 사고가 성장하고 성숙하는데 필요한 소재를 가져다준다.

12. 사고의 기본이 되는 것은 말이다. 따라서 말은 매우 중요하다. 언어는 사고의 최초 표현이다—사고를 운반해주는 배라고 할 수 있다. 말은 대기를 가득 채운 공기를 소리로 바꾸는 사고를 타인에게 전한다.

13. 사고는 어떤 행동이라도 일으킨다. 그러나 그 어떤 행동이든 그것은 눈에 보이는 형태로 스스로 표현하고자 하는 사고에 지나지 않는다. 따라서 바람직한 상태를 바란다면 바람직한 사고만을 품어야 하는 건 확실하다.

14. 여기서 필연적으로 다음과 같은 결론에 도달하게 된다. 만약 자신의 인생에서 풍요로움을 표현하고 싶다면 풍요로운 자신을 마음 속으로 생각할 필요가 있다는 결론에 도달한다. 말은 사고가 형태로 나타난 것에 불과하므로 우리는 특히 건설적이고 조화를 이룬 말만을 쓰도록 주의를 기울여야 한다. 그러면 풍요로운 인생이 현실로 이루어질 것이다.

15. 우리는 끊임없이 마음속에 새겨지는 이미지에서 벗어날 수 없다. 그것은 말을 통해 행해진다. 자신의 행복에 일치하지 않는 말을 쓰면 그에 대응해 잘못된 이미지가 마음속에 새겨진다.

16. 사고가 선명해지고 차원이 높아질수록 우리는 더 많은 생명을 표현할 수 있게 된다. 차원이 낮은 개념에서 해방된 명확한 말의 영상을 이용한다면 더 쉽게 실현될 수 있다.

17. 우리는 말을 통해 사고를 표현할 수밖에 없다. 만약 열망을 실현

하는 기술을 익히고 싶다면 확실하게 목적을 응시하고 신중하게 골라 선택한 소재만을 활용해야 한다.

18. 사고를 언어라는 천으로 감싸는 이 놀라운 능력이 인간과 동물의 차이다. 인간은 기록된 말을 통해 몇 세기에 걸쳐 사건을 뒤돌아보며 현재의 유산을 가져다준 수많은 감동적 장면을 볼 수 있게 되어 있다.

19. 인간이 모든 시대의 위대한 작가와 사상가와 교류할 수 있는 것도 글로 남겨진 말 덕분이다. 오늘날 우리가 가지고 있는 장대한 기록은 인간의 마음속에서 모습을 드러낼 방법을 찾아온 보편적인 사고의 표현인 것이다.

20. 우리는 보편적인 사고가 모습을 창조하는 것을 목표로 하고 있다는 것을 알고 있다. 마찬가지로 개인의 사고가 끊임없이 스스로를 모습을 표현하고자 하고 있다는 것을 알고 있다. 말은 하나의 사고형태이며 문장은 사고형태의 조합이다. 따라서 만약 아름답고 건강한 이상의 사원을 세우고 싶다면 최종적으로 사원을 만들어 내는 말은 정확하고 조심스럽게 유도해야 한다. 말과 문장을 정확하게 조합하는 건설기술은 문명인들에게 있어 필수조건이며 성공으로 가는 통행증이다.

21. 사고를 선택하는 말은 눈에 보이지 않지만 무적의 힘을 감추고 있어 최종적으로는 형태를 띠며 스스로를 대상으로 삼는다.

22. 우리는 끊임없이 마음속에 새겨지는 이미지에서 벗어날 수 없다. 그것은 말을 통해 행해진다. 자신의 행복에 일치하지 않는 말을 쓰면 그에 대응해 잘못된 이미지가 마음속에 새겨진다.

23. 말의 아름다움은 사고의 아름다움 속에 있다. 말의 힘은 사고의 힘 속에 있다. 그리고 사고의 힘은 그 생명력에 있다. 어떻게 하면 생명력으로 넘치는 사고를 찾아낼 수 있을까? 가장 두드러진 특징은 무엇일까? 그것은 원리를 갖추고 있음이 틀림없다. 어떻게 하면 그 원리를 찾아낼 수 있을까?

24. 수학의 원리는 있지만 과오의 원리는 없다. 건강의 원리는 있지만 병의 원리는 없다. 진실의 원리는 있지만 부정의 원리는 없다. 빛의 원리는 있지만 어둠의 원리는 없다. 풍요로움의 원리는 있지만 빈곤의 원리는 없다.

25. 원리가 진실인지는 결과를 보면 알 수 있다. 건강이 있는 곳에는 병이 없다. 이 진실을 깨닫는다면 거짓에 속을 리가 없다. 빛을 끌어들이면 어둠은 머무를 수 없으며 풍요가 있는 곳에 빈곤은 없다.

26. 이것은 자명한 사실이다. 그러나 원리를 포함한 사고가 생명력을 지니고 있으며, 언젠가는 뿌리를 내리고 생명력을 갖추고 있지 않은 부정적인 사고를 느리지만 확실하게 추방한다는 매우 중요한 진실이 지금까지 간과된 것 같다.

27. 하지만 그것은 모든 종류의 불화, 결핍, 한계를 파괴하는 것을 가능하게 한다는 사실이다.

28. '진실을 이해할 수 있는 현명한 사람'이라면 사고의 창조적인 힘이 자신의 손에 무한의 무기를 쥐어 주고 운명의 지배자로 만들어 준다는 것을 쉽게 인정하게 될 것이다. 이 점에는 의심의 여지가 없다.

29. 물질세계에는 보상의 법칙이 있다. "어딘가에 일정량의 에너지가 출현하는 것은 다른 곳에서 같은 에너지가 소멸하고 있다는 것을 의미한다."는 것이다. 우리 스스로가 준 만큼 받는다는 것이 그 법칙의 작용이다. 만약 어떤 행위를 맹세했다면 그 행위가 미치는 영향까지 책임을 질 마음의 준비가 돼 있지 않으면 안 된다. 잠재의식은 추측하지 못한다. 우리의 말을 그대로 받아들인다. 무언가를 부탁하면 그것을 받을 수 있다. 침대를 만들면 그곳에 누울 수 있다.

30. 그러므로 우리가 품는 사고가 자신의 인생에서 바라지 않는 정신적, 도덕적, 육체적인 싹이 트지 않도록 통찰력을 키워야 한다.

31. 통찰력은 사실과 상태를 신중하게 검토할 수 있는 마음의 능력이며 일종의 인간 망원경인 것이다. 어떤 일을 하든지 간에 그것은 곤란뿐만이 아니라 가능성도 꿰뚫어 보는 능력을 갖추고 있다.

32. 통찰력은 우리가 조우하게 될 장애에 미리 대비할 수 있게 해준다. 때문에 그것들이 곤란을 일으키기 전에 극복할 수 있다.

33. 통찰력은 우리의 사고와 주의를 아무 도움도 되지 않는 회로가 아니라 이익을 가져다주는 회로로 인도해 준다.

34. 따라서 위대한 목적을 달성하기 위해 필요한 것이다. 통찰력이 있다면 어떤 마음의 영역으로 파고 들어가더라도 탐구할 수 있다.

35. 통찰력은 내면세계의 산물이자 집중 된 침묵 속에서 성장한다.

36. 이번 주 훈련은 통찰을 위한 집중력이다. 익숙한 자세를 취하고 창조적인 사고의 힘에 관해 생각하는 것만으로는 아무런 통찰력도 얻을 수 없다는 것을 가슴에 새기길 바란다. 지식은 그 자체만으로

는 도움이 되지 않는다. 우리의 행위는 지식이 아니라 습관과 전례와 관례에 의해 지배당하고 있다. 우리가 자기 자신에게 지식을 적용할 수 있는 유일한 방법은 확고하고 의식적인 노력에 의해서다. 이상의 사실을 마음에 깊이 새기길 바란다. 그리고 쓰지 않는 지식은 마음속에서 지워 버려야 하며 정보의 가치는 적용함으로써 창출된다는 사실을 떠올리기 바란다. 그런 생각을 지속해서 의식하고 있다면 창조적인 사고의 원리를 당신 자신의 특정 문제에 적용하는 방법을 깨닫게 될 것이다.

진실을 생각하라. 그러면 그대의 사고는 세계의 기근을 없앨 것이다.
진실을 말하라. 그러면 그대의 말 한 마디 한 마디가 결실을 맺는 씨앗이 될 것이다.
진실하게 살아라. 그러면 그대의 인생은 위대하고 고귀한 신조가 될 것이다. ―보너

◎

신경의 힘 호흡법

이 호흡연습은 몇 년 동안 훈련을 거듭해 온 사람들이 입을 모아 추천을 하는 것으로, 중요한 것은 신경중추에 활기를 불어넣고 자극해주는 것으로 가치가 높은 것으로 잘 알려졌다. 이것을 신경 자극호흡이라 부르는 사람도 있다. 왜냐하면, 이 호흡을 하면 기운이 넘치게 될 수 있기 때문이다.

1. 코로 충분히 숨을 들이쉰다.
2. 숨을 멈춘다.
3. 팔을 앞으로 쭉 편다.
4. 주먹을 꽉 쥐고 팔을 접어 어깨에 닿을 만큼 천천히 되돌린다. 이 과정에서는 근육을 긴장시키도록 한다.
5. 근육을 긴장시킨다. 바깥쪽으로 주먹을 내밀었다가 다시 되돌린다.
6. 입으로 강하게 숨을 내쉰다.
7. 이것을 여러 차례 반복한다.

과도한 훈련으로 인한 긴장과 피로는 피한다.
이 연습은 빠르게, 그리고 강하게 해야 한다.

제16주
영적 힘을 발휘하자

제16주

*

우주의 행성 활동은 주기적 법칙에 따라 움직인다. 모든 생명체는 탄생, 성장, 성숙, 쇠퇴기를 갖추고 있으며 일곱 가지 법칙에 따라 움직인다.

일곱 가지 법칙은 일주일의 날짜, 달의 위치, 소리, 빛, 열, 전기, 자기, 원자 구조의 조화를 관장하고 있다. 개인의 일생과 나라의 흥망성쇠를 관장하고 경제활동을 지배하고 있다.

생명은 성장한다. 성장이란 변화를 뜻한다. 7년 주기에 걸쳐 우리는 새로운 사이클에 들어간다. 처음 7년은 유년기이다. 다음 7년은 아동기로 개인의 책임이 시작된다. 다음 7년이 사춘기이다. 네 번째 주기는 성숙단계이다. 다섯 번째는 건설적인 시기로 토지와 재산과 가족을 갖기 시작한다. 다음 35세부터 42세까지는 반응과 변화의 기대로, 그 뒤로는 재구성, 조화, 회복의 시기가 이어지며 50세부터는 다시 시작되는 새로운 사이클을 준비한다.

세상은 이제 여섯 번째 시기에서 벗어나려고 하고 있다고 생각하는 사람들이 많다. 얼마 안 돼 일곱 번째 주기, 재조정, 재건, 그리고 조화의 주기로 접어들려고 하고 있다. 그것은 흔히 더없이 행복했던 천 년(예수가 재림해 세상을 다스린 천 년)이라 불리는 시기이다.

이 주기에 관해 알고 있으면 언뜻 상황이 좋지 않게 여겨질 때도 고통을 받지 않고 앞으로 말할 원리를 확신을 하고 적용할 수 있다. 고차원의 법칙이 저차원의 법칙을 지배하는 것이 원리이다. 다시 말해 영적인 법칙을 이해하고 의식적으로 활용한다면 언뜻 보기에 곤란해 보이는 모든 것을 축복으로 바꿀 수 있다.

영적 힘을 발휘하자

/ 부는 노동의 산물이다. 자본은 원인이 아니라 결과이다. 주인이 아니라 하인이며 목적이 아닌 수단이다.

2 가장 보편적으로 알려진 부의 정의는 교환가치가 있는 유익하고 필요에 따라 성립된다는 것이다. 부의 첫째 특성은 교환가치인 것이다.

3 부가 사람들의 행복에 공헌을 한다면 그것은 교환가치가 있기 때문이라는 걸 알고 있다.

/ 이 교환가치는 부가 이상을 실현할 수 있게 해주는 참된 가치가 있는 것을 얻기 위한 매체로 만들어 준다.

5 따라서 부를 목적으로 추구해서는 안 된다. 목적을 달성하기 위한 수단으로 추구해야 한다. 성공의 척도는 단순히 돈을 모으는 것이 아니라 좀 더 높은 이상을 품을 수 있는가에 달렸다. 이런 성공을 열망하는 사람은 스스로 적극적으로 추구하는 이상을 마음속에 품고 있어야 한다.

6 그런 이상을 마음속에 품으면 방법과 수단은 저절로 찾을 수 있게 된다. 따라서 수단과 목적을 착각해서는 안 된다. 확실하고 분명한 목표, 즉 이상이 없으면 안 되는 것이다.

7 프렌티스 멀포드(1834~1891. 미국 작가)는 이렇게 말했다. "성공한 사람이란 위대한 영적 이해력을 가진 사람이다. 모든 위대한 행복은 진정으로 뛰어난 영적 힘에 의해 가능해 진다." 불행하게도 그런 힘을 인식하지 못하는 사람들이 있다. 앤드루 카네기(1835~1919. 미국의 철강 왕) 일가가 미국으로 건너갔을 때, 어머니가 생계를 위해 도왔던 것. 해리먼(1891~1986. 미국 정치가, 은행가)의 아버지가 겨우 200달러의 가난한 목사였던 것. 토머스 립톤 경(세계적으로 유명한 영국의 립톤 홍차 창업)이 25센트에서 출발했다는 것을 많은 사람들이 간과하고 있는 것 같다. 이들은 모두 영적 힘 이외에 의지할 힘은 아무것도 없었다.

8 창조하는 힘은 영적 힘에 의해 생성된다. 영적 힘을 발휘하기 위해서는 이념화, 시각화, 물질화라고 하는 세 가지 단계를 거쳐야 한다. 모든 기업의 경영자들은 이 힘에 의지하고 있다. 'Everyday's 매거진'의 기사에서 갑부 스텐더드 석유사의 헨리 플래글러는 자신의 성공 비밀이 만물을 완벽하게 직시하는 능력에 있다고 밝혔다. 다음에 소개하는 기자와의 대담은 그가 이념화, 집중, 시각화라고 하는 영적 힘에 뛰어났다는 것을 잘 나타내 주고 있다.

9 "당신은 실제로 모든 것을 보았는가? 다시 말해 실제로 눈을 감고 선로를 보았는가? 보였는가? 그리고 열차가 달리는 모습을? 열차의 기적소리를 들었는가? 그 단계까지 도달했는가?", "네.", "얼마나 선명하게?", "매우 선명하게 보였습니다."

10 여기서는 '원인과 결과'가 확실하다. 사고가 반드시 행위에 앞서며 행위를 결정하고 있는 것이다. 만약 우리가 현명하다면 한 순간이라도 변덕을 부리지 않을 것이며 인간의 경험은 질서와 조화를 이룬 일련의 흐름의 결과라는 깜짝 놀랄 만한 사실을 인정할 수밖에 없을 것이다.

11 성공한 비즈니스맨은 이상가인 경우가 많으며 더 높은 생활수준을 추구한다. 사고의 영묘한 힘이 우리의 일상풍경을 결정지으며 인

생의 모습을 만들어 내는 것이다.

12. 사고는 가변적인 물질이므로 우리는 그것을 활용해 온갖 인생을 구상해 낼 수 있다. 활용함으로써 존재하게 만드는 것이다. 다른 모든 물질과 마찬가지로 그것을 인식하고 올바르게 활용하는 능력이 그것을 달성해줄 필요조건인 것이다.

13. 우연히 손에 들어온 부는 재난을 일으키는 경우가 있다. 왜냐하면, 자신의 능력에 맞지 않는 것, 자신의 것이 될 수 없는 것을 영원히 소유할 수 없기 때문이다.

14. 우리가 외부세계에서 조우하는 상태는 내부세계에서 발견한 상태에 호응한다. 그것은 인력의 법칙에 의해 생성된다. 그렇다면 우리가 내면세계에 들어오는 것을 어떤 식으로 결정하는 걸까?

15. 오감이나 객관적 정신을 통해 마음에 들어오는 것은 모두 마음에 인상을 새겨 심상을 만들어 낸다. 그것이 창조 에너지의 패턴이 된다. 그런 경험은 대부분이 환경, 우연, 과거의 생각, 그 밖의 부정적 생각의 결과이며 마음에 품기 전에 면밀한 분석을 해야 한다. 한편 우리는 타인의 사고와 외부상태, 환경과는 상관없이 자기 자신의 내적 사고의 과정을 통해 독자적 심상을 그려낼 수 있다. 그 힘을 활

용한다면 자기 자신의 운명, 신체, 마음, 영혼을 제어할 수 있다.

16. 그 힘을 활용해서 우리는 자신의 운명을 우연의 손길에서 되돌려 자신이 바라는 경험을 의식적으로 만들어 낼 수 있다. 왜냐하면, 의식 속에 있는 상태에 강하게 집중하면 그 상태는 최종적으로 우리의 인생에 반영되기 때문이다. 다시 말해 사고는 인생 최대의 원인인 것이다.

17. 따라서 사고를 제어하는 것은 처지, 상태, 환경, 운명을 제어하는 걸 의미한다.

18. 그럼 어떻게 하면 사고를 제어할 수 있을까? 그 과정은 어떤 것일까? 생각하는 것이 사고를 만들어 내지만 사고의 결과는 그 형태, 성질, 생명력에 의해 결정된다.

19. 형태는 그것을 만들어 내는 심상에 좌우된다. 심상은 인상의 깊이, 아이디어의 중요성, 확실한 전망, 이미지의 대담함 등의 영향을 받는다.

20. 특성은 그 실체에 좌우된다. 실체는 마음을 만들어 내는 소재에 의해 결정된다. 이 소재의 활기, 강인함, 용기, 결단력과 같은 특성

을 띠고 있다면 그 사고도 마찬가지 특성을 갖게 된다.

21. 마지막으로 생명력은 사고에 담긴 감정의 강도에 영향을 받는다. 사고가 건설적이라면 생명력을 갖추고 성장하고 확대되어 창조적이 된다. 완벽한 성장을 이루기 위해 필요한 모든 것을 자신에게 끌어당기는 것이다.

22. 만약 파괴적이라면 자신의 내면에 스스로를 파괴하는 병원균을 갖게 될 것이다. 그런 사고는 이윽고 죽어 버리고 말지만, 불쾌감과 병환 그 밖의 모든 부조화를 만들어 내고 만다.

23. 우리는 그것을 악이라 부른다. 일부 사람들은 스스로 악을 만들어 놓고서 모든 것을 신의 탓으로 돌리는 경향이 있다. 그러나 신은 공평한 우주정신에 불과하다.

24. 우주정신은 선도 악도 아니며 그저 존재할 뿐이다. 그것을 형상화시키는 우리의 능력이 선악을 표출시키는 것이다.

25. 따라서 선악은 실존하는 것이 아니다. 우리가 자신의 행위에 대한 결과를 표출하기 위해 활용하는 언어에 불과한 것이다. 이 모든 행위는 사고의 성격에 의해 결정된다.

26. 사고가 건설적이고 조화를 이루고 있다면 우리는 선을 행한다. 파괴적이고 조화를 이루지 못했다면 악을 행하게 된다.

27. 만약 다른 환경을 원한다면 마음에 이상적인 환경 이미지를 유지하고 자신의 전망이 현실로 이루어지는 것을 기다리기만 하면 되는 것이다. 사람과 장소와 사물에 관해 생각해서는 안 된다. 그것은 절대로 이런 대상 속에 있는 것이 아니다. 당신이 바라는 환경은 필요한 모든 것을 포함하고 있다. 필요한 인간과 물건이 필요할 때 필요한 장소에 나타날 것이다.

28. 성격, 능력, 달성, 성공, 환경, 운명과 같은 것이 시각화의 힘을 통해 어떻게 제어되는지는 명백하지는 않지만 그것은 확실하게 과학적 사실이다.

29. 우리가 생각하는 것이 마음의 성질을 결정하고 마음의 성질이 우리의 능력과 정신적인 허용치를 결정한다는 것은 쉽게 이해할 수 있을 것이다. 능력을 개선한다면 모든 것을 달성할 수 있는 힘이 생겨 환경을 제어하는 힘도 자연스럽게 늘어난다는 것을 이해할 수 있을 것이다.

30. 모든 것은 '그저 벌어지고 있다.'고 보이지만 실제로는 수많은

자연의 법칙이 완벽한 조화를 이루며 작용하고 있다. 그 증거를 원한다면 자신의 인생에서 기울여 왔던 모든 노력의 결과를 비교하면 좋을 것이다. 높은 이상을 품고 한 행위와 이기적인 동기를 품고 몰래 한 행위의 결과를 비교하는 것이다. 더 이상의 증거는 필요 없을 것이다.

  31 만약 뭔가 열망을 실현하고 싶다면 자신이 성공한 이미지를 마음속으로 떠올리기 바란다. 그러면 당신은 스스로에게 성공을 강요하고 과학적인 방법으로 열망을 실현시킬 수 있게 될 것이다.

  32 우리는 이미 외부세계에 존재하는 것밖에 볼 수 없지만, 우리가 마음속으로 떠올린 것은 이미 영적 세계에 존재하고 있다. 우리가 자신의 이상에 충실하다면 이런 바람은 언젠가 객관적 세계로 드러날 실질적인 증거인 것이다. 이유는 아주 간단하다. 시각화는 상상의 한 형태이다. 그것은 마음에 인상을 새기게 된다. 그런 인상이 개념과 이념을 만들어 내고, 우주정신이 미래의 산물을 짜기 위한 설계도로써 작용하는 것이다.

  33 심리학자들은 감각은 하나밖에 없다는 결론에 도달했다. 바로 감정의 감각이다. 그 밖의 감각은 모두 이 감각의 변종에 불과하다고 한다. 좋은 결과를 얻기 위해 사고에 감정을 불어넣어야 하는 것

도 바로 이 때문이다. 사고와 감정은 무적의 결합체인 것이다.

34 물론 시각화는 의지로 이끌어 나가지 않으면 안 된다. 자신이 바라는 것을 정확하게 연상해야 한다. 상상이 폭동을 일으키지 않도록 주의를 기울여야 한다. 상상은 훌륭한 하인이지만 주인으로서는 미덥지 못하다. 제어하지 않으면 아무런 근거도 없는 억측과 결론으로 쉽게 휩쓸려 버릴 수도 있다. 확실하게 검사하지 않으면 온갖 그럴듯한 의견을 받아들여 정신적 혼란을 초래하고 만다.

35 따라서 과학적으로 진실인 심상만을 구축해야 한다. 모든 아이디어를 분석하고 정확하지 않은 것은 절대로 받아들여서는 안 된다. 그렇게 되면 당신은 실행할 수 있는 것만을 받아들이게 되고, 노력은 성공으로 보상을 받게 될 것이다. 그것이 비즈니스맨들이 말하는 '선견지명'인 것이다. 이것은 거의 직관과 같은 것으로 모든 중요한 업무에 있어서 위대한 성공의 비결 중에 하나인 것이다.

36 이번 주 훈련은 조화와 행복이 의식의 상태이며 물건을 소유하는 것과는 관계가 없다는 매우 중요한 사실을 인식하는 것이다. 물건은 결과이며 올바른 마음상태의 산물로 얻어지는 것이다. 따라서 만약 뭔가 물질적 재산을 원한다면 바람직한 결과를 초래하는 마음의 자세를 가져야 할 것이다. 이런 마음가짐은 우리의 본성이 영적인 것

이며 우리가 만물의 근원물질인 우주정신과 일체라는 것을 인식함으로써 얻을 수 있다. 그것은 과학적으로 올바른 인식이며 우리가 마음 속으로부터 즐기기 위해 필요한 모든 것을 가져다준다. 그런 마음의 자세를 만들어 낼 수 있게 된다면 열망이 모두 실현된 사실이라는 것을 인식하기 쉬워질 것이다. 그것이 가능해 지면 어떤 종류의 결핍과 한계라 할지라도 '해방해 준다는 사실'이 명백해진다.

인간은 별을 구상하고 실제 궤도에 올려 회전시킬 수 있을지도 모른다. 그러나 신이 모든 것을 실현시키는 사고라는 황금의 무기를 선물하지 않았다면 이런 멋진 일은 불가능했을 것이다. ─H. W 피처

제17주
상징과 현실, 진정한 집중

제17주

*

의식적이나 무의식적으로 어떤 신을 숭배할지는 숭배자의 지적 상태를 드러낸다. 미국 인디언에게 신에 관해 물어보면 영광스러웠던 부족의 강력한 추장에 관해 이야기할 것이다. 다신교도에게 신에 관해 물으면 불의 신, 물의 신, 그 밖에 수백이 넘는 신에 관해 말해 줄 것이다.

히브리인에게 신에 관해 물으면 십계를 바탕으로 민족을 통치했던 모세의 신에 관해 말할 것이다. 혹은 히브리인을 싸움터로 이끌고, 재산을 몰수하고, 죄수들을 살해하고, 수많은 도시를 황폐화시킨 여호수아에 관해 이야기할지도 모른다.

흔히 말하는 이교도들은 신의 '우상'을 만들어 숭배했다. 그러나 훨씬 지성이 높은 사람들 사이에서는 적어도 이런 우상들이 자신의 인생에서 실현하고자 하는 것의 성질을 상징적으로 드러낸 것에 지나지 않는다.

20세기의 사람들은 이론상으로는 사랑의 신을 숭배하지만 실제로는 '부' '권력' '패션' '습관' '관례'와 같은 '우상'을 만들어 내 이것들 앞에 무릎을 꿇고 숭배하고 있다. 우리가 이런 것들에 집중하기 때문에 이것들이 인생에서 현실로 드러나는 것이다.

이 장의 내용을 확실하게 익히면 상징을 현실로 착각하는 일은 없을 것이다. 결과보다 원인에 흥미를 품게 돼 현실에 초점을 맞추기 때문에 결과 때문에 낙담하는 일은 결코 없을 것이다.

상징과 현실, 진정한 집중

　／인간은 '만물을 지배하는 권리'를 지니고 있다는 말을 자주 한다. 이 지배권은 우주정신을 통해 확립되는 것이다. 사고는 우주정신 하에 있는 모든 원리를 제어하는 활동이다. 뛰어난 성질과 최고의 자리에 있는 원리가 환경과 상황과 같은 모든 것의 관계를 결정한다.

　２ 정신적인 힘의 파동은 훨씬 섬세한데다가 가장 강력한 것이다. 정신적인 힘의 성질과 초월성을 깨달은 사람에게 있어 모든 물리적인 힘은 보잘 것 없는 것으로 여겨진다.

　３ 우리는 오감의 렌즈를 통해 우주를 보는 데 익숙하다. 그런 경험에서 의인화된 개념이 탄생한다. 그러나 참된 개념은 영적인 직관에

의해서만 얻을 수 있다. 이런 직관을 작용시키는 데는 마음의 파동을 활성화시킬 필요가 있으며 마음이 일정한 방향에 집중되어 있을 때에만 작용을 한다.

지속해서 집중력을 발휘하고 있을 때, 사고는 끊임없고 일정하게 흐르게 된다. 그것은 마음이 안정돼 있어 끈기 있게 제어가 잘 되고 있다는 증거이다.

위대한 발견은 오랜 세월의 조사 결과로 이루어진다. 수학을 익히는 데는 몇 년에 걸쳐 고도의 집중과 노력이 필요하다. 가장 위대한 과학-마음의 과학-은 집중적인 노력을 통해서만 밝힐 수 있다.

진정한 집중력을 이해하기 위해 배우를 예로 들어보기로 하자. 배우의 위대함은 연기할 배역에 몰두해서 배역에 완전히 몰입했을 때, 관객들이 박진감 넘치는 연기에 마음이 흔들리는 경우이다. 다른 모든 것이 안중에 들어오지 않을 때까지 자신의 사고에 몰두하는 것이다. 그런 집중력은 대상의 성질을 이해하기 위한 직관적인 통찰력에 의해 가능하다.

모든 지식은 이렇게 집중의 결과로 이루어진다. 그렇게 해서 하늘과 땅의 비밀이 풀려져 온 것이다. 집중하는 마음은 하나의 자석이 되어 알고 싶다는 욕구가 아무런 거부 없이 지식을 끌어당겨 자신의 것으로 삼는 것이다.

　d 열망은 대부분이 무의식적인 것이다. 의식적인 열망은 당장에라도 손에 넣을 수 있는 목표라면 별개지만 그렇지 않은 경우에는 거의 달성이 불가능하다. 무의식의 열망은 마음의 잠재능력을 일깨워 주기 때문에 어려운 문제를 스스로 풀 수 있을 것이라 느껴진다.

　9 집중한다면 잠재의식을 일깨워 자신의 목적을 위해 활용할 수 있게 된다. 집중력 훈련을 하기 위해서는 신체, 지성, 정신을 제어할 필요가 있다.

　10 신체, 지성, 정신을 제어하기 위해서는 영적인 힘이 필요하다. 왜냐하면, 영적인 힘의 도움이 없이 모든 한계를 돌파하고 온갖 사고를 성격과 의식으로 바꾸는 지점까지 도달할 수 없기 때문이다.

　11 집중력은 단순히 생각하는 것이 아니라 생각한 것을 실제로 도움이 되도록 변환시키는 것까지 포함하고 있다. 보통 사람은 집중의 의미를 모른다. 사람은 항상 '소유하는 것'을 원하고 있지만 '존재하는 것'을 추구하지는 않는다. '존재하는 것' 없이 '소유하는 것'은 불가능하다. '재산을 늘리기' 전에 먼저 '왕국'을 발견해야 한다는

것을 이해하지 못한 것이다. 순간적인 감정은 전혀 가치가 없다. 무한한 자신감이 없는 이상 목표를 달성할 수 없다.

12. 마음은 약간 높은 목표를 세워 도달하지 못하는 경우가 있다. 익숙하지 않은 날개를 달고 억지로 날아오르려고 하면 결국 땅위로 추락하고 만다. 하지만 그렇다고 해서 포기해서는 안 된다.

13. 나약함은 정신적으로 무언가를 달성하지 못하도록 방해를 한다. 신체적인 한계와 정신적인 불안정은 자신의 나약함에서 비롯된다는 것을 인정하고 다시 한 번 도전해 보길 바란다. 반복을 통해 무슨 일이든 완벽하게 해낼 수 있게 된다.

14. 천문학자는 별들에 주의를 집중한다. 그러면 별들이 그 비밀을 밝혀 준다. 지질학자는 지구의 구조에 집중한다. 때문에 지질학이라는 학문이 존재하는 것이다. 모든 일이 다 똑같다. 인간이 인생의 모든 문제에 집중을 한다면, 그 결과가 시대의 폭넓고 복잡한 사회질서 속에서 명확해질 것이다.

15. 모든 정신적인 발견과 위업은 열망과 집중의 결과이다. 열망은 최강의 행동양식이다. 열망이 일관될수록 계시의 효과는 증폭된다. 열망에 집중력이 더해진다면 자연으로부터 그 어떤 비밀이라도 얻

을 수 있게 된다.

16. 위대한 사고를 이해하고 그에 동반되는 위대한 감정을 체험한 사람은 더 차원 높은 가치를 이해할 수 있다.

17. 순간적으로 빠져드는 진지한 집중력의 힘과 뭔가 되고 싶다, 뭔가를 이루고 싶다는 강렬한 열망은 강요 때문에 몇 년에 걸친 노력보다 훨씬 먼 곳까지 당신을 데려다줄 수 있을지도 모른다. 그리고 불신, 나약함, 무기력, 자기 비하와 같은 교도소 철창을 뚫고 극복하는 희열을 맛보게 해줄 것이다.

18. 지도력과 독창성은 끈기 있게 지속적인 정신적 노력을 통해 키워진다. 비즈니스는 집중력의 중요성을 가르쳐 주고 실용적인 직관력과 빠른 판단력을 키워 준다. 모든 비즈니스가 파일럿의 역할을 하는 것이 정신적 요소이고, 열망이 주요 견인차 역할을 한다. 모든 비즈니스의 관계는 열망이 겉으로 표현된 것이다.

19. 주요 덕목의 대부분이 고용관계 속에서 튼튼하게 자라난다. 규율이 확실한 직장에서 일하다보면 마음이 차분해지고 효율적으로 일할 수 있게 된다. 가장 중요한 것은 마음을 강화시키는 것이다. 산만한 의식과 변덕스럽고 본능적인 충동에 현혹되지 않고 고차원의

자신과 저차원의 자신 사이에서의 갈등에서 이길 수 있는 강인함이
필요한 것이다.

20. 우리는 발전기만 가지고는 아무것도 아니다. 마음이 발전기를
움직이게 함으로써 도움이 되는 것이다. 에너지를 집중시킬 수 있기
때문이다. 마음은 꿈에서조차 본 적이 없는 힘을 지닌 엔진에 비유
할 수 있다. 사고는 무엇이든 해낼 수 있는 힘이다. 그것은 형태가
있는 것이나 형태로 나타나는 모든 일들의 지배자 겸 창조주이다.
물리적인 에너지는 사고의 전능함과 비교한다면 사소한 것에 불과
하다. 왜냐하면, 사고는 모든 자연의 힘을 이용하는 힘을 인간에게
주기 때문이다.

21. 사고의 활동은 파동이다. 건축하기 위해 필요한 재료를 끌어들
이는 것은 파동인 것이다. 사고의 힘에 관해서는 신비적인 것이 전
혀 없다. 우리는 의식의 초점을 자유롭게 찾아낼 수 있다. 대상과 일
체화될 때까지 그 초점을 맞출 수 있는데 그것을 집중력이라 부르는
것에 불과하다.

22. 중요한 것에 집중하면 직관력이 작용해 필요한 정보를 얻을 수
있게 된다.

23. 직관은 경험과 기억의 도움이 없이 결론에 달해 이성의 힘으로 파악할 수 없는 문제를 해결하는 경우가 많다. 직관은 자주 갑작스럽게 찾아와 우리를 깜짝 놀라게 한다. 우리가 찾아 헤매던 진실을 너무나 직접적으로 밝혀 고차원의 힘에서 오는 것처럼 여겨진다. 직관을 키우는 것은 가능하다. 단, 그러기 위해서는 그것을 인정하고 감사하지 않으면 안 된다. 만약 직관이라는 방문자가 찾아왔을 때 왕처럼 환영을 받는다면 다시 찾아올 것 같은 느낌이 들 것이다. 성의 있는 환영을 하면 할수록 빈번하게 찾아올 것이다. 그러나 만약 무시하거나 경시한다면 발길을 멀리하고 말 것이다.

24. 일반적으로 직관은 명상 속에서 찾아온다. 위대한 정신의 주인은 혼자 있길 바란다. 인생의 커다란 문제는 모두 고독 속에서 해결되는 것이다. 따라서 비즈니스맨은 누구나 방해받지 않는 개인 사무실을 갖길 원한다. 설령 개인 사무실을 가질 여유가 없더라도 매일 몇 분 동안 혼자서 직관력을 키울 수 있는 장소를 발견하는 것은 가능할 것이다.

25. 잠재의식이 기본적으로 전능하다는 것을 떠올리길 바란다. 일할 힘을 부여한다면 무슨 일이건 해낼 수 있다. 당신이 얼마만큼 성공할 수 있을지는 어떤 열망을 품을지에 의해 결정된다. 만약 당신이 품고 있는 열망의 성격이 자연의 법칙과 우주정신과 조화를 이루

고 있다면 당신의 마음은 서서히 해방되어 흔들리지 않는 용기를 갖게 될 것이다.

26. 장애를 극복할 때마다, 승리를 할 때마다 당신은 자신의 힘을 더욱더 믿게 돼 이기는 습관이 생기게 될 것이다. 당신의 강인함은 마음 자세에 의해 결정된다. 성공하는 자세를 확고한 목적을 가지고 유지한다면, 당신이 암묵적으로 추구하던 것을 눈에 보이는 영역으로 끌어들일 수 있을 것이다.

27. 그런 사고를 마음속에서 지속해서 품게 된다면 사고는 서서히 손에 닿을 수 있는 형태를 띠게 된다. 명확한 목적에 의해 움직이기 시작한 원인은 눈에 보이지 않는 세계를 통해 당신에게 필요한 것들을 찾아내는 것이다.

28. 당신은 힘 그 자체가 아니라 힘의 상징을 추구하고 있을지도 모른다. 명예가 아니라 명성을, 부가 아니라 재산을, 봉사가 아니라 지위를 추구하고 있는지도 모른다. 그러나 당신은 이 모든 것을 손에 넣는 순간 한 줌의 재로 변한다는 것을 깨닫게 될 것이다.

29. 우연히 손아귀에 들어온 부와 지위는 받을 자격이 없는데다 유지도 불가능하다. 우리는 자신이 준 것만을 받을 수 있다. 주지 않고

받으려고만 하는 사람은 반드시 그에 응당한 대가를 받게 될 것이다.

30. 경쟁은 일반적으로 돈과 그 밖의 힘의 상징을 획득하기 위해 벌어진다. 그러나 힘의 진정한 원천을 이해한다면 상징 따위는 무시할 수 있을 것이다. 은행에 많은 돈을 저금한 사람은 주머니 속에 금괴를 가득 채울 필요가 없다는 걸 잘 안다. 힘의 진정한 원천을 발견한 사람도 이와 같다. 그는 더 이상 위선이나 모조품에 흥미를 갖지 않는다.

31. 사고는 일반적으로 외부를 향하고 있지만 내부로 향하게도 할 수 있다. 그곳에서 기본원리와 핵심, 정신을 파악하는 것이다. 핵심에 도달하게 되면 그것들을 이해하고 원하는 대로 하는 것은 비교적으로 간단하다.

32. 그것은 정신이 사물 그 자체이며 진정한 실체이기 때문이다. 형태는 내부의 영적인 활동의 표출에 불과하다.

33. 이번 주 훈련은 지금까지 이야기해온 집중력이다. 목적을 달성하기 위해 의식적인 노력과 활동은 필요하지 않다. 완전하게 편안한 상태에서 결과에 대한 근심을 버려라. 힘이 휴식을 통해 찾아온다는 것을 떠올리기 바란다. 다른 모든 것이 마음속에서 사라질 때까지

자신의 목표에 생각을 집중해 그것과 완전하게 일체가 되라.

34. 만약 공포를 떨쳐 내고 싶다면 용기에 집중하기 바란다.

35. 만약 결핍을 떨쳐 내고 싶다면 풍요에 집중하기 바란다.

36. 만약 병환을 떨쳐 내고 싶다면 건강에 집중하기 바란다.

37. 항상 이상에 집중하라. 이미 실현된 모습에 집중하는 것이다. 그것이 생식세포(생명원리)가 돼 싹을 틔우고 원인을 움직이게 한다. 원인은 필요한 모든 것을 끌어당긴다. 그것이 최종적으로 모습을 갖추고 나타나는 것이다.

사고는 그것은 자유롭게 조정할 수 있는 사람의 재산이다.
—에머슨

제18주
새로운 의식에 대한 자각

제18주

*

성장하기 위해서는 성장에 필요한 것을 획득해야 한다. 이것은 인력의 법칙을 통해 가능하다. 이 원리는 우주정신에서 개인이 분화될 수 있는 유일한 수단이다.

잠시 생각해보길 바란다. 인간에게 가족이 없다면, 또한 사회와 경제, 정치, 종교의 세계에 관심이 없었다면 어떻게 될까? 추상적이고 가공의 자아에 불과할 것이다. 다시 말해 인간은 전체와 타인과 사회와의 관계 속에서만 존재하는 것이다. 이런 관계가 환경을 구성하는 것이며, 환경이 인간관계를 만드는 것이 아니다.

개인이 "이 세상에 탄생하는 모든 인간을 비추는" 하나의 우주정신의 산물에 불과하다는 것은 명백한 사실이다. 흔히 말하는 개성이나 인격이라 불리는 것은 당사자가 전체와의 관계로 이루어져 있다.

그것을 우리는 환경이라 부르고 있다. 환경은 인력의 법칙에 의해 생성된다. 이번 장에서는 이 중요한 법칙에 관해 좀 더 자세히 설명하기로 하겠다.

새로운 의식에 대한 자각

⁄ 세계의 사상에 변화가 일고 있다. 이 변화는 조용히 우리 마음속에서 진행되고 있으며, 이교도의 몰락 이후 세계가 직면해온 변화 속에서 가장 중요한 것이다.

⁊ 교양이 높은 사람뿐만이 아니라 노동자계급을 포함한 모든 계층의 사람들 속에서 일고 있는 사고의 혁명은 역사상 그 예를 찾아볼 수 없는 것이다.

⁏ 과학은 최근 엄청난 발견들을 이루어 왔다. 자원의 무한성을 찾아내 엄청난 가능성과 의심의 여지가 없는 힘을 명백히 밝혀 왔다. 게다가 과학자들은 특정의 원리를 절대시하고 다른 이론을 어리석고 불가능한 것이라고 부정하는데 주저하게 됐다.

4 새로운 문명이 탄생하고 있다. 습관, 예의, 전례들은 이미 낡은 것이 되어 버렸고 희망, 신뢰, 봉사와 같은 것으로 바뀌려 하고 있다. 전통의 굴레가 인류의 발목에서 점점 사라지고 있다. 물질만능주의라는 불순물이 차츰차츰 사라지고, 사고가 해방되어 진실이 놀라움을 금치 못하는 대중들 앞에 그 모습을 드러내기 시작했다.

5 전 세계가 새로운 의식, 새로운 힘, 새로운 자각을 맞이하려 하고 있다.

6 자연과학은 물질을 분자로, 분자를 원자로, 원자를 힘으로 환원해 왔다. 그리고 플레밍은 영국 과학지식 보급협회에서의 연설에서 이 에너지를 마음으로 환원시켰다. "요약하자면, 에너지란 우리가 마음이나 의지라 부르는 것의 직접적인 작용의 표현으로 봐야 한다."고 했다.

7 이 마음은 내재된 만물에 내재하는 근원적인 것이다. 그것은 물질 속에도 잠재돼 있다. 그것은 생명을 유지하고 활력을 불어넣어 끝없이 펼쳐진 우주의 정신인 것이다.

8 모든 생명체는 이 전능한 지성에 의해 유지돼야 한다. 각각의 생명체의 차이는 이 지성을 얼마나 표현하고 있는가에 따라 대략적인

추측이 가능하다. 진화의 잣대로 식물보다 동물을, 동물보다 인간을 상위에 놓는 것은 이 지성의 크기에 의한 것이다. 또한, 이렇게 확대된 지성은 행동을 제어하고 스스로를 환경에 의식적으로 맞추는 개인의 힘에 의해 드러난다.

9 가장 위대한 정신의 소유자들의 주의를 끄는 것은 바로 이런 적응으로, 적응한다는 것은 우주정신 속에 있는 기조의 질서를 인식하고 있다는 것에 지나지 않는다. 왜냐하면, 이 마음은 우리가 그것을 따르는 것과 비례해 우리를 따르기 때문이다.

10. 시간과 공간을 단축하고, 하늘을 날고, 거대한 철탑을 물 위에 세울 수 있는 것을 가능하게 한 것은 자연의 법칙을 인식했기 때문이다. 지성이 발달할수록 자연의 법칙에 대한 인식이 발전하고 우리가 소유할 수 있는 힘도 커지게 된다.

11. 자신을 이런 우주적 지성을 개인적으로 인식할 수 있는 사람은, 아직 자기인식 단계에 도달하지 못한 사람을 제어할 수 있게 된다. 자기인식의 단계에 도달하지 못한 사람은 우주적 지성이 만물에 침투해 활동신호가 떨어지길 기다리고 있다는 것을 모르고 있다. 그것이 어떤 요구에 응하는지도 모르고 있다. 따라서 그들은 자기 자신의 법칙에 얽매여 있는 것이다.

12. 사고는 창조적이다. 사고의 법칙이 기초로 삼고 있는 원리는 건전하고 타당한 것이며 대상의 성질 속에 내재돼 있다. 하지만 이 창조적 힘의 원천은 개인이 아니라 모든 에너지와 물질의 원천인 우주정신 속에 있다. 개인은 이 에너지를 분배하는 회로에 지나지 않는 것이다.

13. 개인은 우주정신이 현상으로 결실을 맺은 모든 조합을 만들어 내는 수단에 불과하다. 어떤 현상이 일어날지는 파동의 법칙에 의해 결정된다. 근원물질 속의 속도가 다른 모든 움직임이 파동의 법칙에 따라 새로운 물질을 정확하고 수학적인 비율로 모습을 만들어 내는 것이다.

14. 사고는 개인이 우주정신과, 유한한 것이 무한한 것으로, 눈에 보이는 것이 눈에 보이지 않는 것과 교감하는 눈에 보이지 않는 연결고리이다. 사고는 인간이 생각하고, 인식하고, 느끼고, 행동하는 존재로 바뀌는 마법인 것이다.

15. 정밀한 장치가 멀리 떨어진 우주의 사건을 발견을 가능하게 한 것처럼 면밀한 이해력이 모든 힘의 원천인 우주정신과의 교감을 가능하게 해 왔다.

16. 우리가 일반적으로 이해한다고 할 때의 '이해' 는 전화선으로 이어져 있지 않은 전화통 정도의 가치밖에 없다. 아무 의미도 없는 하나의 '신념' 에 지나지 않는 것이다. 미국 인디언도 무언가를 믿고 있고 카니발 제도의 원주민들도 마찬가지이다. 그러나 그것은 아무것도 증명해주지 못한다.

17. 모든 사람들게 가치 있는 신념이란 실험을 거쳐 사실임이 입증된 신념뿐이다. 따라서 그것은 더 이상 신념이 아니라 살아 있는 신념이나 진실인 것이다.

18. 그리고 이 진실은 수십만 명에 달하는 사람들이 시험을 했으며, 진실이 얼마만큼 명확하게 밝혀졌는지는 시험장치의 정밀도에 달려 있다.

19. 고배율의 망원경이 없다면 멀리 떨어진 별을 발견할 수는 없다. 따라서 과학은 끊임없이 더 크고 정밀한 망원경을 만들기 위해 노력하고 천체의 지식이라는 보수를 얻어 왔다.

20. 이해한다는 것도 이에 해당된다. 인간은 무한의 가능성이 있는 우주정신과의 교감을 하기 위한 방법을 끊임없이 모색해 왔다.

21. 우주정신은 개개의 원자가 지닌 견인력에 의해 무한하고 다양한 모습으로 외부세계에 자신의 모습을 드러낸다.

22. 만물을 끌어들일 수 있는 것은 이 견인의 원리에 의한 것이다. 이 원리는 보편적으로 적용할 수 있으며 목적을 실행하는 유일한 수단이 된다.

23. 이 보편적 원리의 효과가 가장 아름답게 표현되는 것은 성장이라는 현상이다.

24. 성장하기 위해서는 성장에 필요한 것을 확보해야 한다. 그런데 우리는 항상 완벽한 사고체이기 때문에 준 것밖에 받을 수 없다. 따라서 성장은 상호작용에 좌우된다. 정신적인 차원에서 닮은 것끼리 서로 끌어당긴다는 것을 우리는 이미 알고 있다.

25. 예를 들어 풍요는 풍요에만 반응한다. 개인의 부는 처음부터 본인 속에 있는 것으로 여겨져 왔다. 내부의 풍요가 외부의 풍요를 끌어당기는 것이다. 개인이 부의 진정한 원천을 창출해내는 능력이 있다는 것이 판명됐다. 일에 성심성의껏 열중하는 사람이 확실하고 점진적인 성공을 거두는 것도 바로 이런 이유에서다. 그들은 끊임없이 준다. 그리고 주면 줄수록 많은 것을 받을 수 있게 되는 것이다.

26. 월가의 위대한 금융가, 산업계의 거물, 정치가, 대기업의 변호사, 발명가, 의사, 작가, 이런 사람들은 인류의 행복에 얼마나 많은 공헌을 해 왔는가? 사고의 힘을 증명하는 것 이외에는 방법이 없다.

27. 사고는 인력의 법칙을 작동시키는 에너지이자 최종적으로는 풍요로 모습을 드러낸다.

28. 우주정신은 균형을 유지한 정적인 마음, 혹은 물질이다. 그것은 우리의 사고방식에 따라 형태로 바뀐다. 사고는 마음의 역동적인 표출이다.

29. 힘은 쓰지 않으면 소멸된다. 힘을 쓰기 위해서는 힘이 있다는 것을 의식하지 않으면 안 된다.

30. 힘을 자유롭게 조종하기 위해서는 의지력이 필요하다. 얼마만큼 의지력을 행사할 수 있는가에 따라 얻을 수 있는 지식(힘)의 양이 결정된다.

31. 비범한 주의력은 천재들만의 특징인 것이라 여겨져 왔다. 주의력을 단련하기 위해서는 훈련하는 수밖에 없다.

32. 주의력을 일깨우기 위해서는 관심이 필요하다. 관심이 강하면 강할수록 주의력도 커진다. 주의력이 커지면 커질수록 관심과 반응도 커지게 된다. 주의를 기울이는 일부터 시작하길 바란다. 그러면 이윽고 관심을 일깨울 수 있게 된다. 그 관심이 더 많은 주의를 끌어들여 더욱더 많은 관심을 창출해 낼 수 있도록 지속하라. 이런 훈련을 통해 주의력을 키울 수 있게 된다.

33. 이번 주는 창조하는 힘에 초점을 맞춘다. 당신 속에 있는 신념의 논리적 기반을 찾는 노력을 하기 바란다. 육체를 가진 인간이 온갖 유기 생명체를 포함하고 있는 대기 속에서 호흡하지 않으면 살아 움직일 수 없다는 사실을 염두에 두길 바란다. 다음으로 영적인 인간이 가장 미세한 영적 에너지에 의지하지 않으면 살아 움직일 수 없다는 사실, 영적인 세계에 있어서도 씨앗을 뿌리지 않으면 아무것도 싹이 트지 않으며, 심은 것밖에 수확할 수 없다는 사실을 기억하길 바란다. 영적인 세계에서도 씨앗이 뿌려질 때까지는 그 어떤 결과도 얻을 수 없다. 어떤 결실을 볼 지는 씨앗의 질에 달려 있다. 그러므로 당신이 얻을 수 있는 결과는 강력한 원인의 영역에서 작용하는 법칙을 어느 정도 인식하는가에 달려 있다. 그것을 완벽하게 인식하는 것이 인간의 의식진화의 열쇠인 것이다.

마음은 아무것도 생각하지 않더라도 순식간에 힘으로 바뀌어 유효한 수단을 조합하는 경향이 있다. ―에머슨

제19주
운명을 제어하자

제19주

*

두려움은 강력한 사고의 형태이다. 그것은 신경의 중추를 마취해 혈액순환에 악영향을 끼쳐 근육을 마비해 버린다. 따라서 두려움은 신체, 뇌, 신경, 근육 등 전신에 영향을 끼친다.

두려움을 극복하는 방법은 두말할 필요 없이 힘을 의식하는 것이다. 우리가 힘이라 부르는 이 신비한 생명력은 대체 무엇일까? 우리가 전기가 뭔지에 관해 잘 모르듯이 이 힘이 무엇인지를 모른다. 그러나 전기의 법칙을 따른다면 전기가 우리들의 충실한 심복이 되고, 가정과 도시를 밝게 비춰 주고 기계를 돌리는 등 여러 면에서 도움을 주고 있다는 것을 알고 있다.

생명력도 마찬가지다. 우리는 그것이 무엇인지에 관해서는 잘 모른다. 영원히 모를 수도 있다. 그러나 생명력이 살아 있는 육체를 통해 표출되는 중요한 힘이며 그것을 관장하는 법칙과 원리를 따르면 몸과 마음에 더욱 풍성하게 흘러들어 효과적으로 작용한다는 것을 알고 있다.

이번 주는 생명력을 키우는 아주 간단한 방법에 관해 설명하기로 하겠다. 이 장에서 말하는 정보를 실천한다면 위대한 천재들의 힘을 몸에 익힐 수 있을 것이다.

운명을 제어하자

／진실의 탐구는 막무가내의 모험이 아니다. 그것은 체계적인 과정이자 논리적으로 이루어지는 것이다. 어떤 체험이든지 간에 뭔가의 원인과 연관이 있다.

２진실을 추구해서 밝히고자 하는 것은 궁극적인 원인이다. 모든 인간의 경험이 결과라는 것을 우리는 이미 알고 있다. 따라서 원인을 밝혀낼 수 있다면, 그리고 의식적으로 원인을 제어할 수 있다면 결과와 체험 또한 제어할 수 있다.

３그때 인간의 경험은 더 이상 운명의 장난감이 아니다. 인간은 운명의 자식이 아니다. 숙명과 운명은 선장이 배를, 기관사가 기차를 제어하는 것과 마찬가지로 쉽게 제어할 수 있게 될 것이다.

4 만물은 최종적으로 동일 요소로 환원될 수 있다. 따라서 서로 소통이 가능한 것이다. 만물은 항상 관계를 맺고 있으며 서로 반발하는 일은 없다.

5 물리적인 세계에서는 서로 대조되는 것이 수없이 많이 존재한다. 그것들은 편의상 특정의 이름으로 불리고 있을지도 모른다. 모든 것에는 크기, 색, 휘도, 경계가 있다. 북극과 남극, 내부와 외부, 보이는 것과 보이지 않는 것이 있다. 그러나 이러한 표현들은 양극적인 것끼리 서로 대조시키는 역할을 하는 것에 불과하다.

6 그것은 하나에 부여된 두 개의 다른 이름이다. 두 개의 극은 상반적이다. 각각 서로 다른 것이 아니라 전체의 두 부분, 혹은 두 측면인 것이다.

7 정신세계에도 같은 법칙을 볼 수 있다. 우리는 지식의 양극에 무지가 있다고 여기고 있다. 그러나 무지는 지식의 결여에 지나지 않는다. 따라서 무지란 지식의 결여를 표현하는 말에 지나지 않으며 그것 자체가 원리를 가지고 있지는 않다.

8 도덕적인 세계에도 같은 법칙이 엿보인다. 흔히 선과 악이라는 말을 자주 하는데, 선은 손으로 만질 수 있는 하나의 실체이다. 반면

에 악은 단순히 선을 제외한 부정적 상태에 지나지 않는다. 악은 때때로 매우 현실적인 상태라고 여겨지는데, 원리와 생명력을 전혀 가지고 있지 않다. 이 사실을 알 수 있는 것은 선에 의해 언제라도 파괴할 수 있기 때문이다. 진실이 잘못을 바로잡고 빛이 어둠을 몰아내듯이 선이 나타나면 악은 사라진다. 따라서 도덕의 세계에는 단 하나의 원리밖에 없다.

9 영적 세계에서도 이와 똑같은 법칙이 적용된다는 것을 알 수 있다. 우리는 마음과 물질을 서로 다른 두 가지로 여기고 있지만 통찰력이 뚜렷해질 때 작용하는 원리는 오직 한 가지 마음뿐이라는 것이 명확해진다.

10. 마음은 유일하게 실존하는 영원한 것이다. 물질은 유한하고 지속해서 변화한다. 영겁의 시간 속에서 백년은 하루에 불과하다. 대도시 한복판에 서서 줄지어 늘어선 고층 빌딩과 온갖 문명의 이기를 한 번 바라보라. 불과 한 세기 전만 해도 전혀 볼 수 없었던 것들이었다. 백년 뒤에 같은 장소에 서서 다시 본다면 틀림없이 그 모든 것이 거의 사라지고 없을 것이다.

11. 동물의 왕국에도 같은 변화의 법칙을 엿볼 수 있다. 동물들은 속속 태어났다가 사라져 간다. 수명이 몇 년에 불과한 동물들이 대부

분이다. 식물들의 변화는 더욱 심하다. 거의 모든 풀이 태어나서 1년 안에 소멸해 버린다. 무기물로 눈을 돌려보면 영원히 변하지 않을 것 같은 것들이 보인다. 그러나 언뜻 단단해 보이는 대지도 바다에서 솟아오른 것이며, 거대한 산도 과거에는 호수였다. 보는 사람들에게 경외의 마음을 경건하게 해주는 요세미티 계곡의 거대한 절벽에서는 암벽을 깎아 내린 빙하의 흔적을 쉽게 찾아 볼 수 있다.

12. 우리는 끊임없는 변화 속에 살고 있다. 이 변화는 우주정신의 진화, 다시 말해 만물을 끊임없이 쇄신하는 장대한 과정에 불과한 것이다. 물질은 마음이 형태를 갖춘 상태에 불과하다. 물질에는 특별한 원리가 없이 마음이 유일한 원리이다.

13. 마음이 육체적, 정신적, 도덕적, 영적인 세계에서 작용하는 유일한 원리라는 것을 우리는 잘 알고 있다.

14. 마음은 원래 움직이지 않는 것이지만 개인의 생각하는 능력이 우주정신에 작용하면 움직이기 시작한다.

15. 개인이 우주정신에 영향을 끼치기 위해서는 음식이라는 연료를 보급해야 한다. 인간은 먹지 않고 생각할 수 없기 때문이다. 생각한다는 영적 활동조차 물질적 수단에 의존하지 않으면 안 된다.

16. 전기를 모아 그것을 역동적인 힘으로 바꾸기 위해서는 특정한 에너지가 필요하다. 식물이 생명을 유지하는 데 필요한 에너지를 모으기 위해서는 태양광선이 필요하다. 그와 마찬가지로 개인에게 생각하는 힘, 다시 말해 우주정신에 영향을 끼치는 힘을 주기 위해서는 음식이라는 에너지가 필요한 것이다.

17. 사고는 끊임없이 스스로를 표현하고자 한다. 당신은 그것을 알 수도 모를 수도 있다. 그러나 당신의 사고가 강력하고 건설적이며 긍정적이라면 그것이 건강, 비즈니스, 환경상태에 반영된다는 사실에는 변함이 없다. 만약 당신의 사고가 전체적으로 나약하고, 비판적이고, 파괴적이고, 부정적이라면 그것은 육체적으로는 공포와 불안과 초조함으로, 금전적인 면에서는 부족과 한계로, 환경면에서는 조화가 깨진 상태로 나타날 것이다.

18. 모든 부는 힘의 자식이다. 재산이 가치를 갖는 것은 힘을 발휘할 때이다. 사건이 의의가 있는 것은 힘에 영향을 끼칠 때뿐이다. 형태가 있는 모든 것은 힘의 정도를 표현하고 있다.

19. 증기, 전기, 화학적 친화력 그리고 인력을 관장하는 법칙은 자연의 법칙이라 불린다. 왜냐하면, 물리적 세계를 관장하고 있기 때문이다. 하지만 모든 힘이 물리적인 것만은 아니다. 정신적 힘도 있으

며 도덕적 힘과 영적인 힘도 있다.

20. 인간에게 있어 학교란 정신적 발전소-정신적 힘을 키우는 장소-이다.

21. 발전소는 생활필수품과 전자제품을 제조하는 공장에 전력이라는 힘을 제공해 우리의 생활을 쾌적하게 하는 데 공헌하고 있다. 그러나 정신적인 발전소는 특수한 원료를 모아 그보다 훨씬 뛰어난 힘을 만들어 낸다.

22. 그렇다면 세상의 정신적 발전소가 다른 모든 힘을 제어하는 힘을 만들어내는 데 필요한 원료는 무엇일까? 그것은 우주 곳곳에 퍼져 있는 영원불변의 근원물질(우주정신 혹은 마음)이며, 역동적 형태를 띤 사고이다.

23. 사고의 힘이 뛰어난 것은 더 높은 차원에 존재하고 있기 때문이다. 놀랄 만한 자연의 힘을 이용해 수백만 명 분의 일을 처리할 수 있는 법칙을 발견할 수 있도록 인도했기 때문이다. 시간과 공간을 소멸시키고 인력의 법칙을 능가하는 법칙을 발견할 수 있게 했기 때문이다.

21. 사고는 지속해서 발전하고 있는 생명력이자 에너지이며 최근 반세기 직전에 존재했던 인간들은 상상조차 할 수 없었던 세계를 만들어 내는 위업을 달성했다. 정신적인 발전소를 곳곳에 건설함으로써 그런 결과를 창출해 낼 수 있었다고 한다면 앞으로 50년 동안 과연 얼마만큼 큰 변화를 기대할 수 있을 것인가.

25. 만물을 창조하는 근원적 물질은 무한하다. 빛이 초속 30만km로 날아간다는 것을 우리는 알고 있다. 멀리 있는 별에서 지구에 빛이 도착할 때까지 2000년이 걸린다는 사실도 알고 있다. 그런 별들이 하늘 저 멀리 넓게 퍼져 있다는 사실도 알고 있으며, 빛이 파장의 형태로 이동한다는 사실도 알고 있다. 만약 빛의 파장을 타고 전달되는 에너지가 연속적이지 않다면, 빛은 우리에게 전달되지 않을 것이다. 따라서 이 물질, 혹은 에너지는 우주 전체에 널리 퍼져 있는 것이다.

26. 그렇다면 어떻게 해서 그것이 형태를 띠고 나타나는 것일까? 전자 과학에서는 아연과 구리의 대립하는 양극을 연결해 줌으로써 전지가 형성된다. 그러면 한쪽의 극에서 다른 쪽의 극에 전류가 흘러 에너지가 공급된다. 어떤 극이라도 이와 같은 과정을 반복한다. 모든 형태는 진동 속도와 그 결과를 가져다주는 원자들끼리의 관계에 따라 좌우되기 때문에, 만약 우리가 겉으로 드러나는 모습을 바꾸고

싶다면 극성을 바꿔야 할 것이다. 그것이 인과의 원리인 것이다.

27 이번 주 훈련은 집중이다. 내가 '집중'이라는 말을 쓸 때 말하고자 하는 것은 그 말이 포함하고 있는 모든 것을 지칭한다. 다른 것에 전혀 신경이 흐트러지지 않을 때까지 자신의 사고 대상에 몰두하기 바란다. 그것을 매일 몇 분 동안 반복하는 것이다. 당신은 육체적으로 영양을 섭취하기 위해 먹기 위해 필요한 시간을 할애한다. 그런데 어째서 마음의 영양을 섭취하기 위해 필요한 시간은 왜 할애하지 않는 걸까?

28 겉모습이 사람을 속인다는 사실을 생각하길 바란다. 지구는 평평하지 않으며 정지돼 있지도 않다. 하늘에 뚜껑이 덮혀 있지 않으며 태양은 움직이지 않는다. 별은 작고 빛나는 점이 아니다. 과거 고정돼 있다고 여겼던 물질들은 끊임없이 변화를 거듭하고 있다는 사실을 알게 됐다.

29 영원한 원리의 작용에 관한 지식이 급속도로 늘어나고 있다. 그에 따라 사고와 행동양식을 조종하지 않으면 안 되는 날들이 시시각각 다가오고 있다는 것(새벽이 다가오고 있다는 것)을 깨닫기 위한 노력을 하길 바란다.

제20주

인간은 바라는 것밖에 얻을 수 없다

오랜 세월 동안 악의 기원에 관해 제한 없는 논쟁이 끝없이 이어져 왔다. 신학자들은 신이 사랑이며 우주에 널리 퍼져 있는 존재라고 말한다. 그것이 사실이라면 신이 존재하지 않는 곳은 없다. 그렇다면 악과 악마, 지옥과 같은 것은 어디에 존재하는가? 한 번 생각해 보자.

신은 정신이다.

정신은 우주의 창조원리이다.

인간은 신의 모습을 본떠 만들어졌다.

인간은 영적인 존재이다.

정신의 유일한 활동은 생각하는 것이다.

생각한다는 것은 창조적 공정이다.

모든 형태는 생각이라는 과정의 결과로 완성된다.

형태를 파괴하는 것도 생각하는 공정의 결과이다.

최면은 가공의 상을 마음속에 맺히게 하는데 그것도 사고의 창조적인 힘의 업적이다.

접신술은 신을 이 세상에 불러들이는 것처럼 보이지만, 그 또한 사고의 창조적 힘이 없다면 불가능하다.

집중해야 하는 모든 종류의 발명과 건설적인 일에는 사고의 창조적 힘이 관여하고 있다.

우리는 사고의 창조적 힘을 인간의 이익을 위해 활용하고 그 결과로 얻은 것을 기쁨이라 부른다.

우리는 사고의 창조적 힘을 파괴적인 방법으로 활용해서 그 결과로 얻어지는 것을 악이라 부른다.

그것이 선악의 기원이다. 선악은 생각하는 과정, 혹은 창조하는 과정의 결과 얻어지는 성질을 말로 표현한 것에 불과하다.

사고는 반드시 행동에 앞서 이루어지며 행위를 결정한다. 행위는 현상보다 앞서 이루어지며 현상을 결정한다.

이번 주는 이 중요한 주제에 좀 더 집중해서 알아보기로 하겠다.

Whether you believe you can do a thing or not,
you are right.
당신이 가능하다고 생각하면 할 수 있고 불가능하다고 생각하면 불가능하다.
어느 쪽이든 당신의 생각은 옳다.
-Henry Ford-

인간은 바라는 것밖에 얻을 수 없다

　／사물의 정신은 그 사물 자체이다. 그것은 영원불변의 법칙이다. 당신의 정신은 당신 자체이다. 정신이 없다면 당신은 아무것도 아니게 된다. 단, 자신 속의 정신을 일깨우기 위해서는 자신의 본질이 정신이라는 것을 인정해야 한다.

　／당신은 막대한 부를 누리고 있을지는 모르지만 부를 누리고 있다는 것을 인정하고 활용하지 않는 한 아무런 가치도 없다. 당신의 영적인 부 또한 마찬가지라 할 수 있다. 그것이 있다는 것을 인정하고 쓰지 않는다면 아무런 가치가 없는 것이다. 영적 힘을 발휘하는 유일한 조건은 그런 힘이 자신에게 내재해 있다는 것을 인정하고 활용하는 것이다.

모든 위대한 일은 인식을 통해 이루어진다. 힘을 조종하는 것은 의식이며 사고가 그것을 전달하는 역할을 한다. 이 메신저는 눈에 보이지 않는 세계의 현실을 객관적 세계의 상태나 환경으로 끊임없이 바꾸려고 하고 있다.

생각하는 것은 인생의 중요한 업무이다. 생각하는 것이 힘을 가져다준다. 당신은 언제나 사고와 의식의 마술적 힘을 활용하고 있다. 자신의 제어하에 있는 힘을 깨닫지 못한다면 어떤 결과를 기대할 수 있겠는가?

자신의 힘을 깨닫지 못한다면 당신은 스스로에게 자신을 갖지 못해 허공에 뜬 상태로 놓이게 된다. 그렇게 되면 생각하는 힘을 발휘하는 방법을 알고 있는 사람들의 하수인으로 전락하게 될 것이다.

힘을 자신의 것으로 만드는 비결은 마음의 원리와 힘, 그 운용방법을 완벽하게 이해하는 것이며, 그것은 다시 말해 우주정신과 자신의 관계를 이해하는 것이기도 하다. 마음의 원리가 불변의 것이라는 것을 기억해 두길 바란다. 그렇지 않다면 아무런 도움도 되지 않을 것이다. 모든 원리는 변하지 않는 것이다.

당신은 우주정신이 활동하는 장소이자 우주정신이 활동하는 회로이다. 왜냐하면, 우주정신은 개인을 통해서만 활동할 수 있기 때문이다.

8 우주정신의 핵이 자신의 내면에 있다-실은 자기 자신이다-는 것을 자각하기 시작하면 여러 가지 변화가 일어난다. 먼저 자신의 힘을 느끼기 시작한다. 그 힘은 당신의 상상력에 불을 붙여 줘 영감의 횃불에 불을 붙이고 사고에 생명력을 불어넣는다. 그 결과 당신은 눈에 보이지 않는 우주의 모든 힘과 이어져 있다는 것을 실감하기 시작한다. 당신이 아무것도 두려워하지 않고 계획을 세우고 실행할 수 있게 해주는 것이 바로 이런 힘이다.

9 하지만 그런 지성은 명상 속에서만 찾아온다. 명상은 위대한 목적을 달성하기 위해 필요한 상태로 느껴진다. 명상 속에서야말로 당신의 상상력은 유감없이 발휘돼 이상을 마음속에 그릴 수 있게 된다.

10 이 힘의 성질을 완벽하게 이해하는 것이 그것을 자유자재로 조종하기 위해 필요한 조건이 된다. 따라서 필요할 때 언제라도 쓸 수 있도록 힘을 자각하는 방법을 머릿속에 새겨 두길 바란다. 그 방법을 따르면 필요할 때마다 전능한 우주정신에서 무한한 영감을 얻을 수 있다.

11. 우리는 이 내면세계를 깨닫지 못하고 의식에서 배제하는 경우도 있다. 그렇지만 내면세계는 모든 존재의 기본적 사실이며 자기 자신 속에서만이 아니라 모든 인간, 사건, 사물, 환경 속에서 그것을 깨달음으로써 우리의 '내부'에 있는 '천국'을 발견할 수 있게 된다.

12. 실패 또한 똑같은 원리에 의해 찾아든다. 원리는 절대불변의 것이다. 그 작용은 정확하며 일탈하지 않는다. 만약 궁핍, 한계, 불화와 이어지는 것을 생각한다면 모든 곳에서 궁핍과 한계, 불화와 같은 것과 조우하게 될 것이다. 빈곤, 불행, 병환 따위를 생각한다면 그 사고의 메신저가 그에 반응해 확실한 결과를 가져다줄 것이다. 재난에 휩싸일 것을 두려워하고 있으면 "걱정했던 재난이 일어났다."고 탄식하게 될 것이다. 불친절한 생각과 무례한 생각을 품으면 그에 어울리는 결과를 초래하게 될 것이다.

13. 이 사고의 힘을 이해하고 올바르게 쓴다면 지금까지 꿈에서도 볼 수 없었던 위대한 절약장치가 되겠지만, 이해하지 못하고 잘못 활용한다면 이미 살펴본 것과 같이 재난을 불러들일 위험이 있다. 이 힘의 도움을 받는다면 언뜻 불가능하게 여겨졌던 일도 자신감을 갖고 받아들일 수 있게 된다. 왜냐하면, 이 힘은 모든 영감과 재능을 창출하는 원천이기 때문이다.

14 영감을 받는 것은 기존의 방식과 뻔한 방법에서 벗어나는 것을 의미한다. 왜냐하면, 비범한 것은 비범한 수단을 필요로 하기 때문이다. 모든 힘의 원천이 내면에 있다는 것과 만물의 일체성을 인식한다면 영감의 원천을 접하게 될 것이다.

15 영감이란 받아들이는 기술, 자기표현의 기술, 개인의 마음을 우주정신에 맞추는 기술, 모든 힘의 원천에 적절한 방법으로 접근하는 기술, 형태가 없는 것을 형상화시키는 기술, 무한한 지혜가 흐르는 회로가 되는 기술, 사물의 완벽한 모습을 그리는 기술, 전능한 신이 널리 퍼져 있다는 것을 깨닫는 기술이다.

16 무한의 힘은 우주에 널리 퍼져 있으므로 무한히 작으며 무한히 크다고 말할 수 있다. 그것을 이해할 수 있다면 그 본질도 파악할 수 있을 것이다. 더 나아가 이 힘은 정신이며 나눌 수 없는 것이라는 사실을 이해한다면 모든 장소에 동시에 존재한다는 것을 깨닫게 될 것이다.

17 이 사실들을 처음에는 지적으로 그리고 감정적으로 이해한다면 이 무한한 힘의 바다에서 힘의 생명수를 마실 수 있게 된다. 머리로 이해해서는 전혀 도움이 되지 않는다. 감정을 작동하지 않으면 안 된다. 감정이 없는 사고는 식어 버린다. 사고와 감정이 하나가 되어

야 하는 것이다.

18. 영감은 내면으로부터 찾아온다. 때문에 명상이 필요한 것이다. 오감을 안정시키고 근육을 이완시키고 냉정함을 키울 필요가 있는 것이다. 그런 냉정함과 힘의 감각을 유지하게 된다면 목표를 달성하는 데 꼭 필요한 정보, 영감, 지혜를 받아들일 준비가 된 것이다.

19. 이 방법을 투시 방법과 혼동해서는 안 된다. 공통점이 전혀 없다. 영감은 받아들이는 기술이며 인생을 향상하는 데 도움이 된다. 당신이 인생에서 해야 할 일은 이렇게 눈에 보이지 않는 힘에 주도권을 빼앗겨 휘둘리는 대신에 그것들을 이해하고 제어하는 것이다. 힘은 봉사의 의미도 포함돼 있다. 영감은 힘의 의미를 포함하고 있다. 영감을 얻는 방법을 이해하고 적용하는 것은 슈퍼맨이 되는 것이다.

20. 만약 명확한 의도를 갖추고 호흡한다면 호흡할 때마다 더욱 풍요롭게 인생을 살 수 있을 것이다. 그럴 경우의 '만약'은 매우 중요한 의미를 지닌다. 왜냐하면, 의도가 주의력을 높여 주기 때문이다. 주의력이 없으면 당신은 다른 모든 사람이 얻을 수 있는 결과밖에 얻을 수 없다. 즉, 바라는 것만 주어진다는 것이다.

21 많이 받길 원한다면 요구를 늘려야 한다. 의식적으로 요구를 늘린다면 공급도 그에 따라 늘어날 것이다. 그러면 자신의 에너지와 생명력이 점점 높아지는 것을 느끼게 될 것이다.

22 어째서 요구가 많아지면 공급도 늘어나는지 그 이유는 이해하기 힘든 것은 아니지만, 또 하나의 인생의 신비이자 일반적으로는 널리 이해되지 않고 있는 것 같다. 본인 스스로 그것을 시험해 보면 그것이 위대한 인생의 진실이라는 것을 깨닫게 될 것이다.

23 "우리는 그의 집에서 살고, 행동하며, 존재한다."라고 배웠다. '그'는 신이자 사랑이다. 그리고 우리는 호흡할 때마다 신의 생명과 사랑과 정신을 호흡한다. 이것이 푸라나라고 불리는 생명 에너지이다. 그것이 없다면 우리는 한시라도 존재할 수 없다. 그것은 우주 에너지이며 태양신경총의 생명인 것이다.

24 우리는 호흡할 때마다 폐를 공기로 가득 채움과 동시에 생명 그 자체인 푸라나로 신체를 활성화 한다. 게다가 모든 생명과 지성, 물질과 의식적으로 소통할 수 있다.

25 우주를 지배하는 이 원리와 일체가 된다면 '생명의 숨'을 호흡할 수 있게 돼 병이나 모든 결핍, 또는 한계에서 자신을 해방시킬 수

있다.

26. 이 '생명의 숨'은 초의식적인 존재이다. 그것은 나라는 존재의 핵심이자 순수한 에너지 혹은 근원물질이다. 그것과 의식적으로 일체가 된다면 그것을 한곳에 집중해 창조 에너지의 힘을 활용할 수 있게 된다.

27. 사고는 창조적인 파동이다. 창출되는 상태의 질은 사고의 질에 의해 좌우된다. 왜냐하면, 우리는 갖추고 있지 않은 힘은 표현할 수 없기 때문이다. 우리는 '행동' 전에 '존재' 하지 않으면 안 된다. '존재' 하는 정도에 따라 '행동' 할 수 있다. 따라서 우리가 행동하는 것은 우리가 얼마만큼 '존재' 하고 있는가와 반드시 일치하게 된다. 그리고 우리가 얼마만큼 존재할 수 있는지는 '사고방식' 의 영향을 받는다.

28. 사고는 원인이기 때문에 당신은 생각할 때마다 원인의 열차를 출발시키게 된다. 그것이 무엇을 창출해 낼지는 사고의 질에 의해 결정된다. 우주정신과 조화를 이루는 사고는 결과적으로 그에 대응하는 상태를 만들어 준다. 파괴적인 사고와 조화가 깨진 사고는 그것에 상응하는 결과를 초래한다. 당신은 사고를 건설적으로 활용할 수도 있고 파괴적으로 이용할 수도 있다. 그러나 한 쪽 사고의 씨앗

을 뿌리고 다른 열매를 수확할 수 없는 것은 영원불변의 법칙인 것이다. 당신은 이 놀랄 만한 창조의 힘을 자신의 뜻대로 활용할 수도 있지만 그 결과는 받아들여야만 한다.

29. 이것이 바로 의지력이라 불리는 것의 위험한 부분이다. 의지력으로 이 법칙을 마음대로 조종할 수 있다고 여기는 사람이 있다. 한쪽의 씨앗을 뿌리고 '의지력'으로 다른 결실을 얻고자 하는 것이다. 그러나 창조적 힘의 근본적 원리는 우주정신 속에 있다. 따라서 개인의 의지력으로 결과를 바라는 방향으로 억지로 조종하려는 생각은 억지에 불과하다. 한동안은 성공한 것처럼 보일 수도 있지만 결국에는 실패하도록 정해져 있다. 왜냐하면, 그것이 추구하고자 하는 힘과 상반되기 때문이다.

30. 그것은 우주정신을 마음대로 조종하고자 하는 개인의 시험이자 유한한 것과 무한한 것과의 충돌이다. 우리의 영속적인 건강은 끊임없이 전진하는 위대한 전체와 의식적인 타협을 통해 달성될 것이다.

31. 이번 주 훈련은 명상 속에서 "우리는 그의 집에서 살고, 행동하며, 존재한다."가 문자 그대로 과학적으로 옳다는 사실에 집중했다. 당신은 그가 존재하기 때문에 존재하는 것이다. 만약 그가 어디든 존재하고 있다면 당신 속에도 존재하고 있는 게 분명하다. 만약 그

가 전체라면 당신은 그의 품에 있지 않으면 안 된다. 그는 우주의 영적 존재이며 당신은 '그의 닮은 꼴'로 만들어져 있다. 그의 정신과 당신의 정신의 유일한 차이는 그 규모다. 부분적으로는 종류나 질이 전체와 똑같지 않으면 안 된다. 이것을 확실하게 깨닫는다면 창조적인 사고의 힘의 비밀, 선악의 기원, 놀랄 만한 집중력의 비밀, 신체, 금전, 환경에 관련된 모든 문제를 해결하는 열쇠를 발견할 수 있을 것이다.

논리적으로 깊고 선명하게 생각하는 힘은 과오, 어리석음, 미신, 비과학적 이론, 불합리한 신념, 방자한 정열, 광신에 관해 공공연하게 반발하는 치명적인 적이다. −해덕

제21주
인간은 평등하다

제21주

*

21주차 레슨에 들어가기로 하자. 이 장에서는 '성공 비결 중 하나'가 위대한 것을 생각하는 것이라는 것을 설명하겠다.

또한, "우리가 일정 시간 동안 의식 속에 품고 있는 것은 잠재의식에 각인돼" 창조적 에너지에 의해 인생에 반영된다는 것을 이야기했다. 실은 그것이 기도의 위대한 힘의 비밀이다.

우리는 우주가 법칙에 의해 정해져 있다는 것을 알고 있다. 모든 결과에는 원인이 있다는 것과 같은 원인은 같은 상태에서는 반드시 같은 결과를 만들어 낸다는 것도 알고 있다.

따라서 과거에 기도를 통해 해답을 찾을 수 있었다면 적절한 조건만 갖춘다면 기도는 항상 해답을 줄 것이다. 그렇지 않다면 우주는 코스모스(질서)가 아니라 카오스(혼돈)가 되어 버릴 것이다. 다시 말해 기도에 대한 해답은 법칙에 의한 것이다. 이 법칙은 인력과 전기를 관장하는 법칙과 마찬가지로 정확하고 과학적인 것이다. 이 법칙을 이해함으로써 기독교는 미신과 속임수에서 벗어나 확실하고 과학적인 기반을 세울 수 있었다.

그러나 아쉽게도 기도를 제대로 아는 사람은 거의 없다. 그들은 전기, 과학, 화학을 관장하는 법칙이 있다는 것은 이해하고 있지만, 어째서인지 영적인 법칙이 있다는 것과 그 법칙 또한 과학적으로 정확하고 흔들림 없이 정교하게 작용하고 있다는 것은 전혀 생각하지 않는다.

인간은 평등하다

1 진정한 힘을 가지는 비결은 자신 속에 있는 힘을 의식하는 것이다. 우주정신은 무조건적이다. 따라서 이 정신과 일체라는 것을 의식하면 할수록 조건과 한계를 의식하지 않게 된다. 온갖 조건에서 해방되면 무조건적인 것을 자각할 수 있게 된다. 자유를 누리게 되는 것이다.

2 내면세계에 무궁무진한 힘이 있다는 것을 의식하는 순간 우리는 그 힘을 끌어내 활용하기 시작하고, 더 클 가능성을 키워 나갈 수 있게 된다. 왜냐하면, 우리가 의식한 것은 무엇이든지 반드시 객관적 세계에 모습을 드러내 손으로 만질 수 있도록 생성되기 때문이다.

3 그것은 만물의 근원인 무한한 마음이 나눌 수 없는 하나이며, 개

인은 이 영원한 에너지가 표출되는 각각의 회로이기 때문이다. 우리의 생각하는 능력은 이 근원물질을 움직이게 할 능력을 말한다. 우리가 생각하는 것은 객관적 세계에 창출될 수 있는 것이다.

이 발견의 결과는 너무나 경이롭고 마음의 무한한 가능성을 암시해주는 것이다. 우주정신은 쉽게 말해 충전 중인 전선이며 모든 개개인의 인생에서 벌어질 수 있는 온갖 상황에 맞는 힘을 가져다주고 있다. 개인의 마음이 우주정신과 접촉하면 필요한 모든 힘을 받게 된다. 그것이 내면세계이다. 모든 과학은 이 세계의 실체를 인정하고 있다. 모든 힘은 이 세계를 인정하는 가에 달려 있다.

주변의 불유쾌한 상황을 바꾸고 싶다면 마음의 자세를 바꿀 수밖에 없다. 그러기 위해서는 자신에게 힘이 있다는 것을 인식해야 한다. 모든 힘의 원천과 일체라는 것을 의식하면 할수록 모든 상태를 제어할 힘도 점점 커지게 된다.

큰일을 앞두고 작은일 때문에 주저하는 일이 많다. 따라서 사소한 것과 별것 아닌 일에 마음을 빼앗겨 고민하고 있다면 뭔가 큰일에 관해 생각해 보면 좋을 것이다. 그러면 마음의 허용 용량이 늘어날 뿐만 아니라 가치 있는 일을 달성한 입장에 자기 자신을 올려놓을 수 있게 된다.

7 실은 그것이 성공의 비결 중의 하나이다. 인생에 승리하고 위대한 업적을 달성하는 방법의 하나이기도 하다. 마음의 창조적 에너지는 사소한 상황 때문에 고생하지 않는 것과 마찬가지로 위대한 상황을 처리하는데도 고생하지 않는다. 마음은 무한히 작은 것과 마찬가지로 무한히 큰 것 속에도 존재하고 있다.

8 마음에 관한 이런 사실을 깨닫는다면 마음가짐에 따라 어떤 상태로든 될 수 있다는 것을 알 수 있다. 왜냐하면, 우리가 일정 시간 동안 의식 속에 품고 있던 것은 잠재의식에 각인돼 창조적 에너지가 인생과 환경에 반영시키는 하나의 구조로 돼 있기 때문이다.

9 이렇게 해서 모든 상태가 창출된다. 그리고 우리는 자신의 인생이 마음속으로 품고 있는 확실한 사고와 정신적인 태도의 반영에 불과하다는 것을 깨닫게 된다. 그때 올바른 사고의 과학이야말로 유일한 과학이자 다른 모든 과학을 포함하고 있다는 것을 깨닫게 된다.

10 이 과학을 통해 우리는 모든 사고가 뇌에 그 인상을 각인한다는 것과 그 인상이 마음의 방향을 정하고 그 방향이 성격, 능력, 목적을 창출해 내 성격, 능력, 목적을 조합시킨 활동이 인생에서 맛보게 될 경험을 결정한다는 것을 배웠다.

11. 이 경험들은 인력의 법칙을 통해 찾아온다. 우리는 인력의 법칙을 통해 내면세계에 상응하는 경험을 외부세계에서 표출하는 것이다.

12. 우수한 사고와 마음의 자세는 자석으로 작용한다. "닮은 것끼리 끌어당긴다."고 하는 법칙이 작용한 결과 언제나 취하고 있는 마음의 자세가 그것에 상응하는 상황을 확실하게 끌어들이는 것이다.

13. 이 마음의 자세는 우리의 인격이자 우리가 마음속에서 만들어낸 사고이다. 따라서 상황을 바꾸고 싶다면 사고를 바꾸기만 하면 된다. 그것이 우리의 마음 자세를 바꿔 주고 더 나아가 인격을 바꿔주어, 우리가 살면서 만나는 사람, 사물, 상태, 경험을 바꿔 주는 것이다.

14. 마음의 자세를 바꾸는 것은 쉬운 일이 아니다. 하지만 지속해서 노력한다면 가능한 일이다. 마음 자세는 뇌에 각인된 이미지(심상)를 따르도록 돼 있다. 만약 그 이미지가 맘에 들지 않는다면 부정적인 이미지를 파괴하고 새로운 이미지로 바뀌길 바란다. 그것을 가능하게 해주는 것이 시각화하는 기술이다.

15. 새로운 이미지를 뇌리에 각인할 수 있게 되면 당장 새로운 것들

을 끌어들이기 시작할 것이다. 때문에 당신이 현실화하고 싶은 열망의 완벽한 이미지를 마음에 새기고 결과를 얻을 수 있을 때까지, 그 이미지를 지속해서 품길 바란다.

　만약 열망이 결단, 능력, 재능, 용기, 힘, 그 밖의 영적 힘을 필요로 하는 것이라면, 이미지에 이 요소들을 포함하는 것을 잊지 말길 바란다. 이것들은 사고와 연결된 감정이자 당신이 필요한 것을 끌어당기기 위해 강력한 자력을 생성한다. 동시에 이미지에 생명력을 불어넣는다. 생명은 성장을 의미한다. 따라서 성장하기 시작하면 곧바로 실질적인 결과가 보장된다.

　무엇을 하든지 간에 주저하지 말고 최고점에 도달하고 싶다는 열망을 품어라. 왜냐하면, 마음의 힘은 목적을 가진 의지에 힘을 빌려 주어 가장 강력한 열망을 실현시킬 준비를 끊임없이 하고 있기 때문이다.

　마음의 힘이 어떻게 작용할지는 우리의 습관이 형성되는 과정 속에 확실하게 드러난다. 우리가 한 가지 일을 몇 번이고 반복하다 보면, 그 일은 점점 더 쉬워지고 거의 자동적으로 가능해진다. 그것이 습관이 형성되는 과정이다. 나쁜 습관을 고치기 위해서도 같은 룰이 적용된다. 한 번 좌절하더라도 희망을 잃어서는 안 된다. 왜냐하면, 이 법칙은 절대강자이며 시간적 간격을 두더라도 노력을 계속 한다면 반드시 좋은 결과를 가져다줄 것이기 때문이다.

19. 이 법칙이 당신을 위해 할 수 있는 데는 한계가 없다. 부디 자신의 이상을 믿길 바란다. 자연이 이상에 반응한다는 것을 잊지 말길 바란다. 이상을 이미 달성한 사실이라고 믿어라.

20. 인생에서 진정한 싸움은 관념의 싸움이다. 그것은 다수파와 소수파의 싸움이다. 한 쪽에서는 건설적, 창조적인 사고가 있으며 다른 한 쪽에는 파괴적, 부정적인 사고가 있다. 창조적인 사고는 이상의 지배를 받고 수동적인 사고는 겉모습의 지배를 받는다. 양 쪽 다 과학자, 문학자, 실무자가 있다.

21. 창조적인 쪽에는 실험실에서 보내는 사람과 망원경과 현미경을 들여다보며 보내는 사람이 있으며 상업, 정치, 과학 세계를 지배하고 있는 사람들과 함께 존재하고 있다. 부정적인 쪽에는 법칙과 전례를 조사하는 데 시간을 허비하는 사람, 신학을 종교로 바꾸는 사람, 권력을 권리로 바꾸는 정치가, 진보보다는 전례를 중시해 언제나 앞이 아닌 뒤를 보고 외부세계만을 바라보고 내면의 세계에 관해 아무것도 모르는 사람이 수백만 명에 달한다.

22. 결국 이 두 파벌밖에 존재하지 않는다. 모든 인간은 이 둘 중 하나에 속해 있다. 전진하든지 후퇴하든지 둘 중에 하나이다. 모든 것이 움직이고 있는 세상 속에서 멈출 수는 없는 것이다. 임의적이고 불평등한 규범을 허락하고 힘을 실어 주려는 것은 멈춰 서려는 행위이다.

23. 우리가 과도기에 있다는 것은 세계 곳곳에서 볼 수 있는 불안이 바로 그 증거이다. 불평불만이 지금은 작은 소리로 울리고 있지만 언젠가 하늘과 땅을 찢어 놓을 것 같은 굉음으로 바뀌게 될 것이다.

24. 산업, 정치, 종교의 최첨단에서 방어를 하고 있는 전초병들은 걱정스럽게 "어떤 상황이지?"라고 속삭이고 있다. 그들이 유지하려고 하는 입장이 위험과 불안에 처해 있다는 것은 시간이 지남에 따라 명확해지고 있다. "기존의 모든 질서는 이미 지속되지 않을 것이다." 새로운 시대가 그것을 선언할 때가 반드시 도래할 것이다.

25. 낡은 제도와 새로운 제도의 문제는 어려운 사회문제인데, 그것은 바로 자연의 성질에 관한 신념의 문제이다. 우주의 정신이나 마음의 초월적인 힘이 개개인 속에 내재되어 있다는 것을 깨닫는다면 소수의 특권층이 아니라 많은 사람의 자유와 권리를 보장하는 법률을 만들 수 있을 것이다.

26. 우주의 힘을 비인간적인 힘으로 치부하는 한 일부 특권층이 자신들의 권력을 정당화해 사회를 아주 쉽게 조종하고 말 것이다. 따라서 민주주의의 진정한 관심은 모든 사람이 신에게서 부여받은 정신을 지니고 있다는 것을 깨닫고 명확하게 드러내지 않으면 안 된다. 일부 특권층만이 아닌 모든 사람이 똑같이 영적인 힘을 가지고 있다. 단지 그것을 인식할 수 있는가 없는가에 달려 있다. 일부 특권층만이 신의 선택을 받고 특권을 부여받았다는 가르침이야말로 모든 불평등을 창출해내는 원흉인 것이다.

27. 신의 마음은 우주정신이다. 우주정신은 예외가 없으며 한쪽으로 치우치지 않는다. 그것은 변덕이나, 분노, 질투, 복수로 인해 행동하지 않는다. 또한 동정에 굴하지도 않으며 행복과 생존을 위한 애원에도 마음이 흔들리지 않는다. 신의 마음은 한쪽으로 치우치는 예외를 만들지 않지만 우주의 원리와 일체라는 것을 이해하고 인식하고 있는 사람은 마치 특권을 누리고 있는 것처럼 보인다. 왜냐하면, 그런 사람은 건강, 부, 힘의 원천을 발견하기 때문이다.

28. 이번 주 훈련은 진실에 집중하는 것이다. 진실이 당신을 자유롭게 한다는 것, 다시 말해 과학적으로 올바른 사고방법과 원리를 활용하는 것을 배워 당신의 성공을 가로막는 것은 절대로 있을 수 없다는 것을 선명하게 인식하도록 노력하는 것이다. 당신이 인생에서

실현하고자 하는 것이, 선천적으로 영혼에 잠재돼 있다는 것을 인식하길 바라는 것이다. 명상을 유지하는 것이 영혼 속의 진실과 접촉하는 기회를 만들어 준다. 전지전능한 신은 절대적인 침묵이라는 것−다른 모든 것은 변화, 활동, 한계라는 것−을 이해하길 바란다. 따라서 침묵 속에서 사고에 집중하는 것이 내면세계의 막대한 잠재력과 접촉하고 그것을 자각하게 해 표현하는 진정한 방법인 것이다.

이 호흡법은 동양에서는 일반적인 것이다. 특히 집중력이 필요할 때는 아주 효과적이다. 이 호흡은 숭고한 정신의 호흡, 위대한 요가의 호흡, 등이라 불리고 있다.

이 방법에 관해 쓰인 책들이 동양에는 상당히 많다. 그중에서 중요한 요소와 동작을 골라냈으며, 그것은 다른 방법보다 간단하다. 이 호흡법은 신체의 여러 부분에 효과적이다. 왜냐하면, 이 방법이 신경조직의 정화라 불리고 있기 때문이다.

1. 천천히 누워 안정을 취한다.
2. 한동안 차분하고 편안하게 일정한 리듬으로 호흡한다.
3. 들이마신 공기가 몸 안에 천천히 들어오고 그 대신에 몸 아랫부분에서 공기가 빠져나가는 것을 떠올려라.
   a. 다리뼈
   b. 가슴뼈
   c. 두개골의 정수리
   d. 배
   e. 생식기관
   f. 척주
   g. 전신의 모공이 호흡
4. 다시 생동감 넘치는 호흡으로 돌아와 생명력과 정신력의 흐름이 합체해 다음과 같은 신경중추에 각각 보내질 것이다.
   a. 이마
   b. 후두부
   c. 뇌의 하부
   d. 명치 끝
   e. 척수의 하단부
   f. 배꼽 부분
   g. 생식기 부분
5. 계속해서 이 합체된 힘의 흐름이 전신에 퍼지는 것을 연상한다.
6. 한동안 쉰 다음 조용하고 차분하고 리듬감 있게 호흡한다. 그리고 휴식의 기쁨에 잠기고 만족하며, 차분하게 찾아드는 평화의 마음속에서 쉬자.
7. 어느 순간 신체에 신선한 기운이 느껴지며 새로 태어난 기분이 들 것이다.

제22주
파동의 법칙

제22주

*

사고는 영적 씨앗이며 잠재의식 속에 그 씨앗을 뿌리면 싹이 트고 성장한다. 그러나 불행하게도 그 결실은 우리의 마음에 쏙 드는 것이라고는 단정할 수 없다. 대부분 마음에 들지 않는 경우가 더 많다.

여러 가지 형태의 염증, 마비, 초조, 병환은 일반적으로 공포, 걱정, 주의, 불안, 질투, 증오의 표출이다.

생명은 두 가지 과정에 의해 성립된다. 하나는 세포를 만드는 데 필요한 영양분을 섭취해 활용하는 것이고, 또 하나는 폐기물을 폐기하고 배출하는 것이다.

모든 생명은 이런 건설적 활동과 파괴적 활동에 속해 있다. 세포의 구성에 없어서는 안 되는 것이 음식, 물, 공기뿐이며 생명을 무한으로 연장하는 것은 그리 어려운 것이 아니라 여겨진다.

이상하게 여길지 모르지만 모든 병환의 원인이 되는 것은 아주 드문 예외를 제외하면 두 번째로 파괴적인 활동이다. 폐기물은 축적되어 조직을 채워 스스로 중독을 일으키고 만다. 이것은 부분적인 것이기는 하면서 전체적이기도 하다. 전자의 경우 장애는 일부에 지나지 않지만, 후자의 경우에는 전체에 영향을 끼친다. 따라서 병을 치료하는 데 필요한 것은 생명 에너지를 몸 전체에 널리 퍼지게 하는 것이다. 그러기 위해서는 공포, 근심, 주의, 불안, 질투, 증오, 그 밖의 파괴적인 사고를 배제하지 않으면 안 된다. 이런 사고는 해로운 폐기물의 배출을 제어하는 신경과 세포를 파괴하는 경향이 있기 때문이다.

영양가 있는 음식과 강장제'는 생명 에너지를 몸 전체에 퍼지게 할 수 없다. 왜냐하면, 그것들은 어디까지나 보조제에 불과하기 때문이다. 이 장에서는 생명의 근원은 어디에 있는지, 어떻게 하면 접할 수 있는지를 살펴보기로 하겠다.

A successful man cannot realize
how hard an unsuccessful man finds life.
인생에 성공한 사람은 인생에 실패한 사람이
인생을 얼마나 힘겹게 여기고 있는지를 알 수 없다.
—E. W. Howe—

파동의 법칙

﹥지식은 돈으로 살 수 없는 가치를 지니고 있다. 왜냐하면, 우리는 지식을 적용해서 바라는 미래를 만들 수 있기 때문이다. 우리의 현재 성격, 현재의 환경, 현재의 능력, 현재의 신체적 상태가 모두 과거의 사고방식의 결과라는 것을 깨닫는다면 지식의 가치를 어느 정도 이해할 수 있을 것이다.

﹦만약 건강상태가 좋지 않다면 자신의 사고방식을 살펴보기 바란다. 모든 사고가 마음속에 인상을 새긴다는 것을 기억하길 바란다. 모든 인상은 하나의 씨앗이며 잠재의식에 침투해 하나의 방향을 만들어 낸다. 그 방향은 다른 것들과 마찬가지 사고를 끌어들이게 돼 있다. 자신도 모르는 사이 나중에 수확해야 할 씨앗을 뿌리고 있는

것이다.

　　 이런 사고들이 병원균을 내포하고 있다면 병, 나약함, 실패 등을 수확하게 될 것이다. 문제는 당신이 무엇을 생각하고, 무엇을 창출하고, 무엇을 수확할 것인가이다.

　　 만약 몸 상태를 바꾸고 싶다면 이미지를 활용하는 방법이 도움될 것이다. 더할 나위 없는 건강한 육체를 연상하고 잠재의식에 침투할 때까지 끊임없이 상상하도록 해라. 많은 사람이 이 방법을 통해 짧은 시간 내에 만성적인 질병에서 벗어났다. 수천에 달하는 사람이 이 방법을 통해 며칠, 혹은 몇 시간 만에 신체적 장애를 극복하고 몰아낼 수 있었다.

　　 마음은 파동의 법칙을 통해 신체를 제어한다. 모든 마음의 활동이 파동이라는 것을 우리는 이미 알고 있다. 모든 형태가 하나의 운동양식, 다시 말해 파동주파수에 지나지 않는다는 것을 알고 있다. 주어진 파동은 곧바로 신체의 모든 원자를 수정한다. 그러면 모든 생명세포가 영향을 받아 온몸에 생화학적 변화가 일어나게 된다.

　　 우주의 모든 것은 파동에 의해 존재한다. 파동의 주파수를 바꾸면 그 성질과 형태를 바꿀 수 있다. 광대한 자연은 눈에 보이는 것과 보이지 않는 것들을 그저 파동의 주파수를 바꾸기만 하면 끊임없이 변화한다. 사고는 하나의 파동이기 때문에 우리도 이 힘을 쓸 수 있다. 우리는 파동을 바꿔 자신이 바라는 신체 상태를 만들어 낼 수 있다.

7 누구나 언제든지 이 힘을 쓸 수 있다. 문제는 대부분의 사람이 그것을 무의식적으로 사용해 바람직하지 않은 결과를 초래하고 있다. 현명하게 활용한다면 바람직한 결과만을 만들어 낼 수 있는 것이다. 이것은 그리 어려운 일이 아니다. 누구나 경험상 무엇이 신체에 즐거운 파동을 만들어 내는지를 알고 있기 때문이다. 불쾌한 감각을 만들어 내는 모든 원인도 이미 다 알고 있다.

8 필요한 것은 자기 스스로 경험에 비추어 보는 것이다. 고양, 진보, 건설적, 고귀, 친절 그 밖의 바람직한 성질의 사고를 품으면 그에 상응하는 결과를 불러들이는 파동이 일어난다. 사고가 질투와 시기, 증오, 비판과 같은 불화로 가득하다면 완전히 다른 파동이 생성된다. 이런 파동은 모두 일정 기간이 지나면 외부세계로 그 모습을 드러낸다. 전자에서는 정신적, 도덕적, 신체적인 건강으로 결과를 만들어 내고, 후자의 경우에는 불화, 부조화, 질환과 같은 결과를 초래한다.

9 그 순간 마음이 신체에 끼치는 영향력에 관해 어느 정도 깨달을

수 있다.

10. 의식의 표출이 신체에 끼치는 영향은 쉽게 느낄 수 있다. 누군가가 당신에게 우스운 이야기를 하면, 당신은 몸을 흔들며 큰소리로 웃을 것이다. 그것은 사고가 당신의 신체 근육에 영향을 끼쳤다는 것을 드러내는 것이다. 혹은 누군가가 당신의 동정을 살만한 이야기를 하면 당신의 눈에서 눈물이 흐를 것이다. 그것은 사고가 당신의 신경에 영향을 끼쳤다는 것을 증명하는 것이다. 누군가가 당신이 화가 날 말을 해서 얼굴이 붉어졌다면, 사고가 당신의 혈액순환에 영향을 끼쳤다는 증거이다. 그러나 이런 경험은 모두 의식이 표출된 결과이며, 그것은 일시적인 것이라 금방 사라지고 원래 상태로 돌아가게 된다.

11. 이제 잠재의식의 작용이 신체에 끼치는 영향과 어떻게 다른지 살펴보기로 하자. 당신이 상처를 입었다고 가정하자. 수천에 달하는 세포가 일제히 치유를 위해 움직이기 시작한다. 그리고 며칠 혹은 몇 주 만에 상처를 치유한다. 뼈가 부러졌다고 해서 걱정할 필요가 없다. 외과의사는 부러진 뼈를 붙일 수 없다. 그저 부러진 부분을 잘 붙도록 고정시킬 뿐이다. 그러면 잠재의식이 곧바로 접합시키기 위한 작업에 돌입한다. 그리고 얼마 안 돼 뼈는 원래 상태로 돌아간다. 당신이 독약을 먹었을 경우에는 어떨까? 잠재의식이 곧바로 위험을

감지하고 독을 빼내기 위해 엄청난 노력을 시작한다. 위험한 균에 감염됐을 경우에도 잠재의식은 곧바로 감염된 주변에 방어막을 쌓고, 그것을 백혈구 속에 흡수시킴으로서 감염을 막아낸다.

12. 잠재의식의 이런 과정은 일반적으로 우리의 개인적인 지식과 지시가 없더라도 진행된다. 우리가 방해를 하지 않는 한 결과는 완벽하다. 그런데 이런 수백만에 달하는 수리 세포는 모두 지성을 겸비하고 있어 우리의 사고에 반응하기 때문에, 우리가 공포, 의심, 불안과 같은 사고를 품으면 곧바로 이런 사고에 마비돼 무능력해지고 만다. 모든 세포들은 일할 준비가 다 됐지만 쉽게 일에 손을 댈 수 없는 노동자 무리와 아주 흡사하다. 일을 시작할 때마다 분쟁이 발생하거나, 공정이 바뀌어 버리는 탓에 결국은 의욕을 잃게 되는 것이다.

13. 건강은 모든 과학의 기초인 파동의 법칙 아래에서 성립된다. 이 법칙은 마음, 즉 '내면의 세계'에 의해 작동된다. 그것은 개인의 노력과 훈련의 문제이다. 우리의 힘은 내부에 존재한다. 따라서 외부로 드러난 결과만 가지고 아무리 왈가왈부한다고 하더라도 시간과 노력을 허비할 뿐이라는 것을 마음속에 깊이 새겨 두길 바란다.

14. 원인은 늘 '내면세계'에 있다. 원인을 바꾸면 결과도 바뀐다.

15. 신체의 모든 세포는 지성을 갖추고 있으며 당신의 지시를 따른다. 세포는 모든 창조자이자 당신이 지시한 것을 정확하게 만들어 내어 준다.

16. 따라서 건강한 이미지를 주관의식(잠재의식)에 전달하면 창조적인 에너지가 완벽한 신체를 만들어 낼 것이다.

17. 뇌세포도 이와 마찬가지 구조로 되어 있다. 뇌의 질은 마음의 상태와 자세에 좌우되기 때문에 만약 바람직하지 않은 마음 자세가 주관에 전달되면 동시에 신체에도 전달되게 되어 있다. 따라서 만약 건강하고 강한 생명력으로 넘치는 신체를 원한다면 그런 사고가 우세를 점유해야 한다.

18. 우리는 신체의 모든 요소가 파동의 결과라는 것을 알고 있다.

19. 정신적인 활동이 파동이라는 것도 알고 있다.

20. 고주파 파동이 저주파 파동을 지배, 수정, 제어, 변경, 파괴한다는 것도 알고 있다.

21. 파동의 주파수가 뇌세포의 성격에 의해 좌우된다는 것도 알고

있다.

22. 그리고 마지막으로 뇌세포를 만드는 방법도 알고 있다.

23. 그렇다면 신체에 바람직한 변화를 일으키는 방법도 알고 있다는 것이 된다. 이렇게 마음의 힘이 가진 영향력을 깨닫고 있다면 전능한 자연의 법칙과 조화를 이루는 우리의 능력에 거의 한계가 없다는 것도 깨닫게 될 것이다.

24. 마음이 신체에 영향을 끼치는 것은 다양한 분야에서 인정을 받고 있다. 현재 많은 의사들이 이 사실에 뜨거운 시선을 보내고 있다. 이 테마에 관한 중요한 저서들을 펴낸 앨버트 쇼필드 의학박사는 자신의 저서에서 이렇게 말하고 있다. "정신요법이라는 테마는 의학계에서는 아직 인정을 받지 못하고 있다. 생리학에서는 신체적 건강을 유지하기 위해 작용하고 있는 정신적인 힘에 관해 언급하지 않고 있다. 마음이 힘이 신체에 영향을 끼친다는 사실은 일부 사람들에게는 알려져 있지만 일반 사람들은 아직 모르고 있는 것이다."

25. 수많은 의사가 기질적인 결함을 동반하지 않는 신경에 관한 병은 완벽하게 대처하고 있다는 건 틀림없는 사실이다. 하지만 내가 말하고 싶은 건, 그들이 표현하고 있는 지식들이 학교에서 배운 것

도, 책을 읽고 배운 것도, 직접 경험을 통해 배운 것도 아니라는 사실이다.

26. 이것은 바람직하다고 할 수 없다. 마음의 치유력은 모든 의과대학에서 배우는 과학적 과정에 포함해야 할 것이다. 그러면 의료과실과 치료부족에 의한 문제는 급격히 줄어들지도 모른다.

27. 본인 스스로 얼마만큼의 치유력을 갖추고 있는지를 알고 있는 환자는 거의 없다는 것은 의심의 여지가 없는 사실이다. 환자가 본인 스스로 무엇이 가능하며 어떤 힘을 발휘할 수 있는지는 아직 알려지지 않았다. 환자가 가진 힘은 상상외로 크며 앞으로 틀림없이 쓰이게 될 것이라고 생각한다. 앞으로 정신적 병을 앓고 있는 환자들은 기쁨, 희망, 신념, 사랑과 같은 감정을 일깨워 주고, 동기를 확실하게 하고, 정기적인 마음의 단련을 하고, 병에 대한 근심을 털어버리는 방법으로 마음의 치유력을 더 많이 활용하게 될지도 모른다.

28. 이번 주 훈련은 테니슨의 아름다운 시에 마음을 집중하기로 하자.

그대의 신에게 말을 걸라.
신이 그것을 들으면

영혼과 영혼이 만나
숨결보다 가깝게
손과 발보다 가깝게
신을 느끼게 될 것이다.

당신이 '신에게 말을 걸 때' 전지전능한 신과 접촉하게 된다는 것을 깨닫기 바란다.

29. 우주 구석구석까지 널리 퍼져 있는 이 힘을 자각하고 인식한다면 모든 병과 고통이 순식간에 사라지고 조화와 완벽함으로 바뀌게 될 것이다. 그 순간 질환과 고통이 모두 신에 의해 보내진 것이라고 생각하는 사람이 있다는 것을 떠올리길 바란다. 만약 그것이 사실이라면 모든 의사, 외과의, 간호사는 신의 의지를 거부하는 사람들이 된다. 그리고 병원과 요양소는 자비의 집이 아니라 반항의 장소가 될 것이다. 물론 금방 말도 안 되는 것이라는 사실을 깨달을 것이다. 그런 생각을 소중히 품고 있는 사람이 너무나도 많다.

30. 최근까지 신학은 창조주가 죄를 범하는 존재를 만들어 내 영원한 벌을 허락했다고 배웠다. 이와 같은 무지한 생각은 사랑대신에 필연적으로 공포를 만들어 내는 결과를 초래한다. 2천년에 걸쳐 그렇게 가르쳐온 뒤, 현재의 신학은 기독교에 사죄하느라 급급해 한다.

31 신이 사랑의 원천이라는 것을 깨닫는다면, 당신은 이상적인 인간-신의 닮은꼴로 만들어진 인간-을 좀 더 높이 평가하게 될 것이다. 또한, 만물을 만들고, 돕고, 유지하며, 창조해 낸 우주정신을 더 쉽게 받아들일 수 있을 것이다.

"모든 것은 하나의 완벽한 전체, 신의 일부에 지나지 않는다." -포프

제23주
돈과 숭고한 정신

제23주

*

이 장에서는 돈이 인생의 기반을 만든다는 것, 성공의 법칙은 봉사라는 것, 우리는 자신이 주는 것을 받기 때문에 주는 능력이 있다는 것을 특권으로 여겨야 한다는 점에 관해 이야기하기로 하겠다.

지금까지의 장에서 사고가 모든 건설적인 계획의 배경이 되는 창조적인 활동이라는 것을 살펴봤다. 우리가 줄 수 있는 것 중에 사고 이상으로 실용적인 가치가 있는 것은 없다.

창조적 사고는 주의를 필요로 한다. 주의력은 이미 살펴본 바와 같이 엄청난 힘을 발휘한다. 주의력은 집중력을 키우고 집중력은 영적 힘을 키워 준다. 영적 힘은 존재하는 것 중에 가장 강력한 힘이다.

지금까지 이야기했던 것들은 모든 과학을 아우르는 과학이라고 해도 좋을 것이다. 그것은 인생을 근본부터 개선하는 기술이기도 하다. 이 과학과 기술을 습득한다면 끝없는 진보의 기회가 펼쳐진다. 그러므로 일주일, 한 달 혹은 반년 만에 완벽하게 습득할 수는 없다. 그것은 평생 이루어야 할 과업이다. 전진하지 않는다면 후퇴하는 것을 의미한다.

긍정적이고 건설적이며 타인을 위한 사고를 품으면 반드시 좋은 결과를 가져다준다. 우주의 법칙은 미묘한 균형 속에서 성립된다. 무언가를 송출했다면 무언가를 받아들여야 한다. 그렇지 않으면 진공의 상태가 발생한다. 이 법칙을 지키고 노력한다면 이익을 얻는 데 실패하는 일은 절대로 없다.

돈과 숭고한 정신

1 돈에 대한 의식은 일종의 마음가짐이다. 그것은 거래의 대동맥의 입구이기도 하다. 열망은 흐름을 만들어 내는 인력이 되지만, 두려움은 흐름을 막거나 역류하게 돼서 엄청난 장애를 초래한다.

2 두려움은 돈의 의식과는 정반대의 것이다. 그것은 빈곤한 의식이다. 법칙은 불변의 것이기 때문에 우리가 준 것을 그대로 받아들이게 돼 있다. 만약 두려움을 품게 되면 두려운 것을 받아들이게 된다. 돈은 우리의 인생의 기반을 만들어 주고 뛰어난 지성을 가진 최고의 사고를 끌어들인다.

3 돈과 친구는 끊으려고 해도 끊을 수 없는 관계이다. 친구가 많다면 그만큼 돈이 들어올 기회가 늘어난다. 단, 친구의 폭을 넓히기 위

해서는 자신의 이익만 생각해서는 안 되며 친구의 이익이 되는 것도 생각해야 한다. 성공의 첫째 조건은 봉사이다. 그것은 성실함과 정의 위에 구축된다. 사리사욕에만 눈이 먼 사람은 그저 무지한 데 불과하다. 기본적인 교환 법칙을 깨닫지 못하고 있는 것이다. 그런 사람은 무능하며 백전백패하게 되어 있다. 이 점을 깨닫지 못한 채 본인 스스로는 승자라고 여길지도 모른다. 그러나 그는 확실하게 패배한 운명을 등에 지고 있다. 무한한 것을 혼자 독차지할 수는 없다. 보상의 법칙은 그에게 "눈에는 눈, 이에는 이"로 보답할 것이다.

생명의 힘은 가만히 있지 못한다. 사고와 이상을 만들어 내며 그것들은 끊임없이 이 세상에 형태를 갖추고 표출된다. 중요한 것은 마음을 활짝 열고 끊임없이 기회를 엿보며 새로운 것에 손길을 뻗어 목표가 아닌 그 과정에 흥미를 갖는 것이다. 왜냐하면, 즐거움이란 소유하는 것이 아니라 그것을 추구하는 데 있기 때문이다.

당신은 돈을 자신이 원하는 것을 끌어당기는 자석으로 활용할 수 있다. 그러기 위해서는 먼저 어떻게 하면 타인을 위해 돈을 만들어 낼지를 생각해야 한다. 가치가 있는 것을 찾아내 기회를 자신의 것으로 만드는 통찰력을 키운다면 나름대로의 성공을 거둘 수 있을지도 모르지만, 가장 큰 성공은 당신이 타인을 도울 수 있을 때 찾아온다. 한 사람을 이롭게 하는 것은 모든 사람에게 이로운 것이어야 한다.

⑹ 관대한 사고는 강인한 생명력으로 가득 차 있다. 이기적인 사고는 부패라는 세균을 내포하고 있다. 그것은 붕괴되어 사라지고 만다. 모건과 같은 위대한 자산가는 부의 분배를 위한 단순한 회로에 불과하다. 막대한 부가 흘러들어 왔다가 흘러 나가지만 부의 유입을 막는 것이 위험한 것과 마찬가지로 유출을 막는 것도 위험하다. 양쪽의 흐름을 원활하게 열어 두지 않으면 안 된다. 받는 것과 마찬가지로 나누지 않으면 안 된다는 것을 인식한다면 위대한 성공이 찾아들 것이다.

⑺ 만물의 공급원인 전능한 힘을 인식한다면 우리의 의식을 그 공급원에 맞춰 필요한 것은 무엇이든지 공급받을 수 있게 될 것이다. 그리고 주면 줄수록 많이 얻을 수 있다는 것을 깨닫게 될 것이다. 여기서 '준다.'는 의미는 봉사라는 의미를 내포하고 있다. 은행가는 돈을, 상인은 물건을, 작가는 생각을, 노동자는 기술을 나눠 준다. 누구나 무언가 나눌 수 있는 것을 가지고 있지만 많은 것을 나눠줄 수 있을수록 더 많은 것을 얻을 수 있게 돼, 많은 것을 얻을 수 있을수록 많은 것을 나눌 수 있게 된다.

⑻ 자산가가 많은 것을 얻을 수 있는 것은 많은 것을 나눠주기 때문이다. 그들은 본인 스스로 생각한다. 자신을 대신해 다른 사람에게 생각하게 하지는 않는다. 그들은 모든 결과를 예측하고 수백, 수천

명의 사람에게 이익이 되는 수단을 찾아낸다. 자신의 성공에 많은 사람의 성공이 달려 있다는 것을 알고 있기 때문이다. 모건, 록펠러, 카네기 등과 같은 사람이 갑부가 된 것은 타인을 위해 돈을 썼기 때문이 아니라 타인을 위해 돈을 모았기 때문으로, 그 덕분에 지구상에서 가장 풍요로운 나라 중에서도 가장 부유한 사람이 될 수 있었던 것이다.

9. 대부분의 사람은 심사숙고하는 경우가 많지 않다. 앵무새처럼 타인의 생각을 반복적으로 받아들인다. 여론이 어떻게 형성되는지를 보면 쉽게 이해할 수 있다. 본인을 대신해 소수의 사람들이 생각해 주길 바라는 대중들의 무기력한 태도야말로 몇 명만이 권력을 독점하고 대중을 지배할 수 있게 하는 것이다. 창조적인 사고는 주의력이 필요하다.

10. 주의력은 집중력이라 불린다. 이 힘은 의지에서 나온다. 따라서 우리는 자신이 바라는 것 이외의 것에 집중하거나 생각해서는 안 된다. 수많은 사람이 슬픔, 손실, 온갖 종류의 불화에 집중하고 있다. 사고는 창조적인 것이므로 그런 집중은 반드시 더 큰 손실, 슬픔, 불화를 초래하고 만다. 반면에 우리가 성공, 이익, 그 밖의 바람직한 상태와 조우하게 된다면 자연스럽게 그것들이 가져다주는 결과에 집중하게 돼, 그것들을 끌어들이게 된다. 이렇게 해서 많은 것들이

더 많은 것들을 끌어들이게 되는 것이다.

    11. 이 원리를 비즈니스에서 어떻게 활용할지에 관해 앳킨슨은 '진보한 사고'에서 잘 설명하고 있다.

    12. "정신을 다른 어떤 이름으로 부르든지 간에 반드시 의식의 정수, 마음의 본질, 사고를 지탱하는 실체라고 생각해야 한다. 모든 관념은 의식, 마음 혹은 사고의 활동 모습이기 때문에 궁극의 사실과 진실은 정신 속에서만 이끌어 낼 수 있다."

    13. 이 사실을 인정한다면 정신과 그것이 표출하는 법칙을 진정으로 이해하는 것은 '실리를 중시하는' 인간에게 있어 매우 '실용적'이라고 생각해도 좋을 것이다. '실리를 중시하는' 사람들이 이 사실을 깨달을 수 있다면 영적인 법칙을 깨닫기 위해 '필사'의 노력을 다 할 것이다. 그것은 어리석은 행동이 아니다. 목적을 달성하기 위한 기본적 의미라는 것을 파악할 필요가 있을 뿐이다.

    14. 구체적인 예를 들어보기로 하자. 시카고에는 나를 매우 유물적인 사람이라고 생각하는 남자가 한 명 있다. 그는 인생에서 몇번 성공을 거두었다. 그리고 몇 번의 실패도 맛보았다. 얼마 전 그와 만나 이야기를 나누었을 때, 과거의 당당했던 모습과 달리 기가 죽어 있

었다. 실제로 '이러지도 저러지도 못하는' 상황에 빠져 있는 것 같았다. 왜냐하면, 이제 중년에 접어들어 이전처럼 새로운 아이디어가 떠오르지 않게 됐기 때문이었다.

15. 그는 실제로 이렇게 말했다. "사업이 잘 풀리는 것은 모두 사고의 결과였다는 것을 깨달았네. 아무리 바보라도 그걸 알거야. 나는 지금 사고와 좋은 아이디어가 부족하다고 여기고 있네. 하지만 이 모든 것이 마음먹기에 달렸다는 것이 옳다면, 개인이 무한한 마음과 직접 이어질 수도 있을 것이네. 그리고 무한한 마음속에는 비즈니스 세계에서 활용해서 큰 성공을 거둘 수 있는 온갖 종류의 좋은 아이디어도 틀림없이 있을 것일세. 그것은 우리에게 있어 절호의 기회가 되지. 나는 지금 그걸 찾고 있다네."

16. 그것은 5, 6년 전의 일이었다. 며칠 전에 이 남자에 대한 소문을 접하게 됐다. "우리 친구 X는 어떻게 지내고 있나? 다시 재기했는가?" 그 친구는 깜짝 놀란 표정으로 나를 쳐다보며 "어!" 하며 소리쳤다. "X의 성공에 관해 자네는 아직 모르고 있나? 그는 모회사(과거 18개월 동안 기록적인 성공을 거두고 대대적인 광고 덕분에 국내는 물론 해외까지 명성이 자자한 회사)의 거물이 됐네. 그는 그 사업에서 엄청난 성공을 한 인물일세. 50만 달러를 순식간에 벌어들이더니 지금은 100만 달러에 가까운 매출을 올리고 있네. 최근 18개월 사이에 말일세."

나는 화제가 됐던 기업과 그 친구를 연관 지어 생각했던 적이 없었다. 하지만 문제의 회사가 엄청난 성공을 거두었다는 것을, 조사해본 결과 사실이라는 걸 알 수 있었다. 앞서 말한 이야기는 전혀 과장이 아니었다.

◿ 자, 어떻게 생각하는가? 내 생각에 그는 실제로 무한한 마음(영)과 '직접 연결' 되었다. 그런 뒤에 무한한 마음이 자신을 대신해서 일하게 했다. 그는 "우주의 마음을 자신의 사업에 활용했던 것이다.

◿ 신을 모독하고 있는 것처럼 들리는가? 그렇게 생각하지 않기를 바란다. 나는 그럴 의도는 전혀 없다. 여기서 말하는 '무한한 마음'이란 누구에게나 있는 정신을 가리킨다. 이 남자도 최종적으로는 정신의 화신이라고 여겨야 할 것이다. 정신인 그가 자신의 원천과 조화를 이뤄 크건 적던 간에 그 힘을 발휘했다는 생각에 신을 모독하는 요소는 전혀 없다. 마음을 창조적인 사고의 방향으로 활용할 때, 누구라도 크건 적던 간에 그 힘을 활용하는 것이다. 이 남자는 더 큰 힘을 발휘한 것이다. 진지하게 '실용적인' 방법으로 자신이 바라던 것에 몰두했던 것이다.

◿ 그가 어떤 방법을 썼는지는 직접 듣지 않았지만, 기회가 생기면 물어볼 생각이다. 그는 (성공의 씨앗이 된) 필요한 아이디어를 추구

하며 무한한 공급원에 다가갔을 뿐만 아니라, 사고의 창조적 힘을 활용해 자신이 물질적으로 드러나기를 바라는 것의 이상적 틀을 만들어 내고 세심한 수정을 통해 그것을 완성시킨 것이다. 나는 이 이야기를 사실로 받아들이고 인정한다. 수년 전에 나는 이야기만으로 판단을 내린 것은 아니다. 그와 마찬가지로 창조적인 사고를 현실화시킨 그 밖의 탁월했던 사람들의 경우에서도 마찬가지 현상을 볼 수 있었기 때문이다.

20. 현실 속 업무에 무한한 힘을 활용하는 데 주저하는 사람이나 조금이라도 무한한 힘과 반대되는 상황이라면, 아무것도 이룰 수 없다는 것을 꼭 기억해 두길 바란다. 무한한 마음은 우리의 마음가짐에 따라 대단한 조력자가 될 수도 있고 방해자가 될 수도 있다.

21. '숭고함'은 매우 '실용적'인 것이다. 그것은 정신이야말로 진정한 것이며 모든 것이라는 것을, 물질은 정신이 마음먹은 대로 창조, 변형, 조작할 수 있는 가변적인 재료에 불과하다는 것을 가르쳐 준다. 숭고함은 이 세상에서 가장 '실용적'인 것이다.

22. 이번 주는 인간이 정신을 가진 신체가 아니라 신체를 가진 정신이라는 사실에 집중하겠다. 인간의 열망이 영적이지 않은 것으로는 영원히 채워질 수 없는 것은 바로 이 때문이다. 따라서 돈이란 우리가

열망하는 상태를 이뤄 줄 수 없다면 아무런 가치도 없는 것이다. 그런 상태는 조화를 이루고 있지 않으면 안 된다. 조화를 이룬 상태는 끊임 없이 균형을 유지하려고 한다. 따라서 조금이라도 부족함이 있다면 공급회로가 열려 부족함을 해소하도록 만들어져 있는 것이다.

어떤 목적에 의해 계획적으로 정리된 사고는 그 목적을 고정시키고 모습을 성숙시키기 위해, 우리는 역동적인 실험 결과를 완벽하게 예상할 수 있다는 것을 발견했다.
　　─프란시스 러리머 워너

제24주
마음의 연금술

제24주

*

이제 마지막 레슨으로 들어가기로 하겠다.

지금까지 제안한 훈련을 매일 몇 분 동안 반복해 왔다면 자신이 원하는 것을 마음속으로 강하게 열망하면 손에 넣을 수 있다는 것을 알게 됐을 것이다. 그런 당신은 "사고의 힘은 절대적이며 그 활용성은 끝이 없다."고 말하는 이 시스템을 체득한 사람의 말에 동의할 것이다.

사고의 법칙에 관한 지식은 쉽게 말해 신이 주신 선물이라고 해도 좋을 것이다. 그것은 인간을 해방해주는 '진실'인 것이다. 모든 부족과 한계에서 자유롭게 해주는 것에 그치지 않는다. 슬픔, 불안, 걱정으로부터 해방해 준다. 이 법칙이 일부 사람들을 위한 것이 아니라 어떤 사고습관을 가진 사람이라 할지라도 공평하게 작용한다는 것이 얼마나 멋진 일인가? 이 길은 모든 사람에게 공평하게 열려 있다.

만약 당신이 종교적인 것에 관심이 있다면 이 세상의 모든 신자라면 누구나 알 수 있는 명확한 길을 제시해주고 있다는 것을 깨달을 수 있을 것이다. 만약 철학적 경향이 있다면 플라톤과 에머슨의 글을 읽어보길 바란다. 어쨌거나 당신은 무한한 힘을 원하는 단계까지 도달할 수 있다.

나는 이 원리를 이해하는 것은 고대 연금술사들이 허무하게 추구했던 것과 마찬가지 일이라고 확신한다. 왜냐하면, 마음속의 금을 어떻게 해야 손아귀의 금으로 바꿀 수 있는지를 명확하게 밝혀 주기 때문이다.

마음의 연금술

일부 과학자들이 처음 태양을 태양계의 중심에 두고 지구가 태양의 주변을 돈다고 주장했을 때, 수많은 사람이 놀라움과 낭패감을 맛보았다. 상식적으로 생각해 보면 그런 일은 있을 수 없는 일이었다. 태양은 하늘 위에서 분명히 움직이며 서쪽 하늘 너머나 바다 속으로 가라앉는다는 걸 누구나 보고 알 수 있었기 때문이었다. 학자들은 분노를 금치 못했고 과학자들은 터무니없는 헛소리라고 무시했다. 그런데 결국 모든 사람이 납득할 만한 증거를 찾아낸 것이다.

우리는 종을 '소리를 내는 도구'로 여기지만, 종이 할 수 있는 일은 공중에서 진동을 일으키는 것뿐이라는 걸 알고 있다. 이 진동은 1초에 16회의 속도에 달하면 귀에 들리는 소리를 만들어 낸다. 인간의 귀는 1초에 3만8천 번의 진동소리까지 들을 수 있다. 진동수가 그 이상을 넘어가면 다시 침묵이 찾아든다. 따라서 소리는 종에게 있는 것이 아니라 우리들 마음속에 있는 것이다.

우리는 태양을 '빛을 발하는 물체'라고 생각한다. 하지만 그것이 매초 4백조에 달하는 주파수로 대기에 진동을 만들어 내는 에너지를 방출해 빛이라 불리는 것을 일으키고 있을 뿐이라는 사실을 알고 있다. 따라서 우리가 빛이라 부르는 것은 단순히 하나의 에너지에 불과하며 파동에 의해 마음이 만들어 낸 감각이다. 주파수가 늘어나면 빛은 그 색이 변한다. 우리는 장미를 빨갛게, 풀을 초록으로, 하늘을 파랗다고 표현하지만, 색이란 마음속에만 존재하지 않고 광파의 진동결과로써 경험한 감각에 불과한 것이다. 주파수가 4백조 이하로 떨어지면, 우리는 그것을 빛이 아니라 뜨거운 열로 느끼게 된다. 따라서 사물의 진실에 대한 정보를 얻는데 감각의 증거에 의지할 수 없다는 것은 분명하다. 만약 감각적인 증거에 의존한다면 태양은 지구 주위를 돌고 있고, 지구는 평평하며, 별은 거대한 행성이 아니라 빛을 발하는 조각에 불과한 것이 된다.

모든 형이상학이 바라는 것은 자기 자신과 자신이 살고 있는 세계에 관한 진실을 이해하는 것이다. 조화를 표현하기 위해서는 조화를, 건강을 표현하기 위해서는 건강을, 풍요를 표현하기 위해서는 풍요로움을 생각해야 한다. 그러기 위해서는 감각적인 증거에 얽매이지 않도록 주의할 필요가 있다.

모든 형태의 질환, 부조화, 부족, 한계가 잘못된 사고의 결과에 불과하다는 것을 깨닫는다면 '자신을 해방해줄' 진실을 깨닫게 될 것이다. 어떡하면 장애를 극복할 수 있을지 깨닫게 될 것이다. 그 장애물이 의혹, 두려움, 불신, 실망에서 비롯된 것이라 할지라도 엄연한 현실이며 치우는데 그치지 말고 '바다에 집어 던질(마태오 복음서 인용)' 필요가 있다.

당신이 해야 하는 일은 앞서 말한 진실을 스스로 납득하는 것이다. 그럴 수 있다면 소망을 실현하는 법칙을 이해하는 것이 그다지 어렵게 느껴지지 않을 것이다. 지금까지 밝혀 왔듯이 진정한 사고는 생명의 원리를 내포하고 있으며 스스로 드러난다.

마음의 힘으로 병을 고치는 사람은 그 진실을 깨닫게 될 것이다. 그들은 자신의 인생과 타인의 인생에서 매일매일 그것을 증명한다. 생명, 건강, 풍요가 우주에 퍼져 있으며 모든 공간을 가득 채우고 있다는 것을 알고 있는 것이다. 병이나 부족이 드러나는 것을 허용하는 사람은 이 위대한 법칙을 아직 이해하지 못하고 있는 것이다.

모든 상태는 사고의 창조물이며 완전히 정신적인 것이기 때문에 병과 부족함은 본인이 진실을 자각할 수 없는 마음 상태라는데 불과하다. 잘못이 바로잡혀지면 곧바로 그 상태도 해소된다.

9. 잘못을 바로잡는 방법은 명상에 잠겨 진실을 깨닫는 것이다. 모든 사람의 마음은 하나이기 때문에 본인뿐만이 아니라 타인을 위해서도 가능하다. 만약 당신이 바라는 상태를 연상할 수 있다면, 그것이 결과를 얻기 위해 가장 간단하고 빠른 방법이 될 것이다. 만약 체득하지 못했다면 자신의 발언이 진실이라고 자기 자신을 납득시킴으로써 결과를 얻을 수 있다.

10. 이해하는 것은 매우 어려운 일이지만 이해하고 나면 훌륭한 결과를 얻게 된다. 어떤 곤란이라 할지라도, 어떤 사람들에게 둘러싸인다 할지라도 고쳐야 할 환자는 바로 본인인 것이다. 자신이 현실 속에서 바라는 진실을 본인 스스로 납득시키면 된다.

11. 이것들은 존재하는 모든 형이상학의 체계와 일치하는 명확하고 과학적인 설명이다. 다른 방법으로는 어떤 영속적 결과도 얻을 수 없다.

12. 이미지를 형상화하는 모든 종류의 집중, 자기 암시나 이해와 같은 것이 열망을 실현하는 간단하면서도 유일한 방법이다.

13. 예를 들어 뭔가 부족하거나 한계에 봉착해 고민하고 있는 사람을 돕고자 할 경우, 돕고자 하는 결심만으로 그 사람과 정신적으로 교류가 이루어져 그것만으로도 충분하다. 그리고 자기 자신의 마음에서 부족, 한계, 병환, 위험, 곤경과 같은 것과 이어진 신념을 몰아내기 바란다. 이런 부정적 사고를 몰아낸 순간 결과가 달성돼 그 사람은 자유를 얻게 될 것이다.

14. 그러나 사고는 창조적이기 때문에 뭔가 부적절한 상태로 생각이 끌릴 때마다 생각했던 상황을 만들어 낸다는 걸 반드시 기억하길 바란다. 단, 그런 상태는 허상에 불과하며 현실성을 띠지 않으며 실존하는 것은 정신뿐이다.

15. 모든 사고는 에너지의 형태이며 파동의 주파수이지만 진실의 사고는 훨씬 높은 고주파의 파동이기 때문에 빛이 어둠을 걷어 내는 것과 마찬가지로 온갖 형태의 잘못을 바로잡는다. '진실'이 드러나면 어떤 잘못도 존재하지 않게 된다. 그러므로 당신 마음에 필요한 것은 진실을 이해하는 것이다. 그러면 온갖 형태의 부족과 한계, 병을 극복할 수 있게 된다.

16. 우리는 외부세계에서는 무엇이 진실인지를 알 수 없다. 외부세계는 상대적인 것에 지나지 않으며 진실은 절대적이다. 따라서 '내

면세계'에서 진실을 찾아야 한다.

17. 진실만을 볼 수 있도록 마음을 훈련하면 진실한 상태만을 표현할 수 있게 된다. 그 능력이 우리의 진보를 가능하게 해주는 나침반이다.

18. '나'는 완벽하며 나무랄 곳이 없는 절대적 진실이다. 진정한 '나'는 영적인 존재로 완벽하지 않을 수 없다. 어떤 부족함과 한계, 질환도 없다. 천재의 번뜩이는 아이디어는 뇌의 분자활동에 의해 탄생하는 것이 아니다. 우주정신과 하나인 영적인 '나'에 의해 생성되는 것이다. 모든 영감(천재적 자질)의 원인은 이런 일체성을 인식하는 능력에 있는 것이다. 그런 결과는 멀리까지 메아리쳐 앞으로의 세대에 영향을 끼친다. 수백만 명의 사람들이 따르는 길을 비춰 줄 불기둥이 되는 것이다.

19. 진실은 논리적 트레이닝과 실험의 결과가 아니며, 관찰 결과도 아니다. 그것은 발달한 의식의 산물인 것이다. 카이사르 내면의 진실은 그의 인생과 삶의 태도, 더 나아가 사회의 진보에 영향을 끼친 그의 행동으로 드러난다. 당신의 인생과 행동, 세상에 대한 영향력은 당신이 얼마만큼 진실을 이해할 수 있는가에 달려 있다. 왜냐하면, 진실은 신조가 아닌 행위 속에서 드러나기 때문이다.

20. 진실은 성격 속에서 드러난다. 인간의 성격은 그 사람이 어떤 종교를 믿고 있는지와 그 사람에게 있어 진실이란 무엇인지를 나타내 준다. 그것이 인생의 운을 좌우한다. 만약 어떤 사람이 자신은 운이 좋지 않다고 불평을 토로한다면 의문의 여지도 없는 명백하고 합리적인 진실에서 눈을 돌리고 있는 것이기 때문이므로 자기 자신을 속이고 있는 것이다.

21. 우리의 삶에 있어 무수한 상황과 환경, 사건들은 잠재적 인격 속에 이미 존재하고 있다. 잠재적 인격이 자신의 성격에 맞는 정신적 소재와 신체적 소재를 끌어들이는 것이다. 이처럼 우리의 미래는 현재에 의해 결정된다. 따라서 만약 인생에 부족한 점이 있다면 그 원인을 내면에서 찾아 그 촉매가 되는 마음의 진실을 발견하도록 노력해야 한다.

22. '나'는 나무랄 데가 없는 완벽한 존재라는 진실을 확실하게 인식한다면, 당신은 '자유'를 얻게 돼 어떤 곤란도 이겨낼 수 있을 것이다.

23. 당신이 외부세계에서 만나는 상태는 예외 없이 모두 내면세계가 만들어 낸 결과이다. 그러므로 완벽한 이상을 마음에 지속해서 품고 있으면 확실하게 당신의 주변에서 이상적인 상태를 만들어 낼

수 있다.

21. 만약 당신이 불완전한 것, 상대적인 것, 한정된 것밖에 보지 않는다면 그런 상태가 당신의 인생에 반영될 것이다. 하지만 마음의 훈련을 통해 영적인 자기(영원히 완벽하며 나무랄 데 없는 '나')를 보고 자각할 수 있게 된다면 조화를 이룬 건전하고 건강한 상태만 일어나게 될 것이다.

25. 사고는 창조적이며, 진실은 처음부터 고도로 완벽한 사고이다. 따라서 진실을 생각한다면 진실을 얻을 수 있는 것은 명백한 사실이다. 그 순간 거짓은 존재하지 않는다.

26. 우주정신은 현존하는 모든 마음의 집합체이다. 정신과 우주정신은 같은 말이다.

27. 당신이 해야 할 일은 마음이 개인적인 것이 아니라는 것을 깨닫는 것이다. 마음은 널리 퍼져 있으며 어느 곳에나 존재한다. 다시 말하면 마음이 없는 곳은 없다. 그렇기 때문에 마음이란 보편적인 것이다.

28. 인간은 지금까지 이 보편적인 창조원리를 표현하기 위해 '신'

이라는 말을 이용하는 것이 일반적이었다. 그러나 '신'이란 단어는 올바른 의미를 전달하지 못한다. 대부분의 사람은 이 말을 자기 자신의 외부에 있는 것을 의미한다고 해석하고 있다. 그런데 실제로는 그와 정반대이다. 그것은 우리의 인생 그 자체이다. 그것이 없다면 우리는 죽어 버리고 말 것이다. 존재를 포기하고 말 것이다. 정신이 신체를 벗어나는 순간 우리는 존재하지 않는다. 따라서 정신이 실제로 존재하는 인간의 실체이다.

29. 정신이 하는 유일한 활동은 생각하는 것이다. 따라서 사고는 창조적이지 않으면 안 된다. 정신은 창조적이기 때문이다. 이 창조적 힘은 개인에게 속한 것이 아니다. 당신의 생각하는 능력은 그 힘을 제어하고 자신과 타인을 위해 그것을 활용하는 능력이다.

30. 이와 같은 것을 이해하고 평가할 수 있게 된다면, 당신은 성공 열쇠를 손에 넣을 수 있을 것이다. 하지만 이것만은 반드시 기억해 두길 바란다. 이해할 수 있을 만큼의 현명함, 증거를 신중히 고려할 수 있을 만큼의 넓은 마음, 자기 자신의 판단에 따를 수 있을 만큼의 완고함, 필요한 희생을 감수할 수 있을 만큼의 강인함을 지닌 자만이 그것을 손에 넣을 수 있다는 것을.

31. 이번 주에는 우리가 살고 있는 세계가 너무나도 멋진 세계이며,

당신이 빛나는 존재라는 사실을 명심하길 바란다. 현재 수많은 사람이 진실에 눈을 뜨기 시작했다. 신이 자신들을 위해 '준비한 것'이 "눈으로 보지 못하고, 귀로 듣지 못하고, 사람들이 마음속으로 생각하지 못했던 것."을 깨닫는다면 사람들은 자신이 영광으로 가득한 약속의 땅에 서 있다는 것을 깨달을 것이다. 그 순간 그들은 판단의 강을 건너 진실과 거짓을 구별하는 지점에 도달해, 자신이 지금까지 꿈꾸며 바라던 것이 정신을 차리지 못할 만큼 몽롱한 개념에 불과하다는 것을 발견할 것이다.

토지라는 유산은 대를 이어 이어질 수도 있지만, 지식과 지혜의 유산은 대물림될 수 없다. 유복한 인간은 돈을 지불해서 타인에게 자신의 일을 대신하게 할 수도 있지만 본인을 대신해 생각하거나 자신에 대한 지식을 돈으로 살 수는 없다. -S. 스마일스